陳福成著

陳福成著作全編

第四十九冊　春秋正義

文史哲出版社印行

國家圖書館出版品預行編目資料

陳福成著作全編 / 陳福成著. -- 初版. --臺北市：文史哲,民 104.08
頁： 公分
ISBN 978-986-314-266-9（全套：平裝）

848.6 104013035

陳福成著作全編

第四十九冊 春秋正義

著 者：陳 福 成
出 版 者：文 史 哲 出 版 社
http://www.lapen.com.tw
登記證字號：行政院新聞局版臺業字五三三七號
發 行 人：彭 正 雄
發 行 所：文 史 哲 出 版 社
印 刷 者：文 史 哲 出 版 社
臺北市羅斯福路一段七十二巷四號
郵政劃撥帳號：一六一八〇一七五
電話886-2-23511028・傳真886-2-23965656
全 80 冊定價新臺幣 36,800 元
二〇一五年（民一〇四）八月初版

ISBN 978-986-314-266-9 08981

陳福成著作全編總目

㊵我所知道的孫大公
㊶為中華民族的生存發展進百書疏
㊷金秋六人行
㊸漸凍勇士陳宏

捌、小說、翻譯小說

㊹迷情・奇謀・輪迴、
㊺愛倫坡恐怖推理小說

玖、散文、論文、雜記、詩遊記、人生小品

㊻一個軍校生的台大閒情
㊼古道・秋風・瘦筆
㊽頓悟學習
㊾春秋正義
㊿公主與王子的夢幻、
51 洄游的鮭魚
52 男人和女人的情話真話
53 台灣邊陲之美
54 最自在的彩霞
55 梁又平事件後

拾、回憶錄體

56 五十不惑
57 我的革命檔案
58 台大教官興衰錄
59 迷航記、
60 最後一代書寫的身影
61 我這輩子幹了什麼好事
62 那些年我們是這樣寫情書的
63 那些年我們是這樣談戀愛的
64 台灣大學退休人員聯誼會第九屆理事長記實

拾壹、兵學、戰爭

65 孫子實戰經驗研究
66 第四波戰爭開山鼻祖賓拉登

拾貳、政治研究

67 政治學方法論概說
68 西洋政治思想史概述
69 中國全民民主統一會北京行
70 尋找理想國：中國式民主政治研究要綱

拾參、中國命運、喚醒國魂

71 大浩劫後：日本 311 天譴說
日本問題的終極處理
72 台大逸仙學會

拾肆、地方誌、地區研究

73 台北公館台大地區考古・導覽
74 台中開發史
75 台北的前世今生
76 台北公館地區開發史

拾伍、其他

77 英文單字研究
78 與君賞玩天地寬（文友評論）
79 非常傳銷學
80 新領導與管理實務

總序：陳福成的一部文史哲政兵千秋事業

陳福成先生，祖籍四川成都，一九五二年出生在台灣省台中縣。筆名古晟、藍天、司馬千、鄉下人等，皈依法名：本肇居士。一生除軍職外，以絕大多數時間投入寫作，範圍包括詩歌、小說、政治（兩岸關係、國際關係）、歷史、文化、宗教、哲學、兵學（國防、軍事、戰爭、兵法），及教育部審定之大學、專科（三專、五專）、高中（職）等各級學校國防通識（軍訓課本）十二冊。以上總計近百部著作，目前尚未出版者尚約二十部。

我的戶籍資料上寫著祖籍四川成都，小時候也在軍眷長大，初中畢業（民57年6月），投考陸軍官校預備班十三期，三年後（民60）直升陸軍官校正期班四十四期，民國六十四年八月畢業，隨即分發野戰部隊服役，到民國八十三年四月轉台灣大學軍訓教官。到民國八十八年二月，我以台大夜間部（兼文學院）主任教官退休（伍），進入全職寫作高峰期。

我年青時代也曾好奇問老爸：「我們家到底有沒有家譜？」

他說：「當然有。」他肯定說，停一下又說：「三十八年逃命都來不及了，現在有個鬼啦！」

兩岸開放前他老人家就走了，開放後經很多連繫和尋找，真的連鬼都沒有了，茫茫無垠的「四川北門」，早已人事全非了。

但我的母系家譜卻很清楚，母親陳蕊是台中縣龍井鄉人。她的先祖其實來台不算太久，按家譜記載，到我陳福成才不過第五代，大陸原籍福建省泉州府同安縣六都施盤鄉馬巷。

第一代祖陳添丁、妣黃媽名申氏。從原籍移居台灣島台中州大甲郡龍井庄龍目井字水裡社三十六番地，移台時間不詳。陳添丁生於清道光二十年（庚子，一八四〇年）六月十二日，卒於民國四年（一九一五年），葬於水裡社共同墓地，坐北向南，他有二個兒子，長子昌，次子標。

第二代祖陳昌（我外曾祖父），生於清同治五年（丙寅，一八六六年）九月十四日，卒於民國廿六年（昭和十二年）四月二十二日，葬在水裡社共同墓地，坐東南向西北。陳昌娶蔡匏，育有四子，長子平、次子豬、三子波、四子萬芳。

第三代祖陳平（我外祖父），生於清光緒十七年（辛卯，一八九一年）九月二十五日，卒於（年略記）二月十三日。陳平娶彭宜（我外祖母），生光緒二十二年（丙申，一八九六年）六月十二日，卒於民國五十六年十二月十六日。他們育有一子五女，長子陳火，長女陳變、次女陳燕、三女陳蕊、四女陳品、五女陳鶯。

以上到我母親陳蕊是第四代，到筆者陳福成是第五代，與我同是第五代的表兄弟姊妹共三十二人，目前大約半數仍在就職中，半數已退休。

寫作是我一輩子的興趣，一個職業軍人怎會變成以寫作為一生志業，在我的幾本著作都詳述（如《迷航記》、《台大教官興衰錄》、《五十不惑》等」。我從軍校大學時代開始寫，從台大主任教官退休後，全力排除無謂應酬，更全力全心的寫（不含為教育部編著的大學、高中職《國防通識》十餘冊）。我把《陳福成著作全編》略為分類暨編目如下：

壹、兩岸關係

①《決戰閏八月》②《防衛大台灣》③《解開兩岸十大弔詭》④《大陸政策與兩岸關係》。

貳、國家安全

⑤《國家安全與情治機關的弔詭》⑥《國家安全與戰略關係》⑦《國家安全論壇》。

參、中國學四部曲

⑧《中國歷代戰爭新詮》⑨《中國近代黨派發展研究新詮》⑩《中國政治思想新詮》⑪《中國四大兵法家新詮：孫子、吳起、孫臏、孔明》。

肆、歷史、人類、文化、宗教、會黨

⑫《神劍與屠刀》⑬《中國神譜》⑭《天帝教的中華文化意涵》⑮《奴婢妾匪到革命家之路：復興廣播電台謝雪紅訪講錄》⑯《洪門、青幫與哥老會研究》。

伍、詩〈現代詩、傳統詩〉、文學

⑰《幻夢花開一江山》⑱《赤縣行腳‧神州心旅》⑲《「外公」與「外婆」的詩》、⑳《尋找一座山》㉑《春秋記實》㉒《性情世界》㉓《春秋詩選》㉔《八方風雲性情世界》㉕《古晟的誕生》㉖《把腳印典藏在雲端》㉗《從魯迅文學醫人魂救國魂說起》㉘《60後詩雜記詩集》。

陸、現代詩（詩人、詩社）研究

67《政治學方法論概說》68《西洋政治思想概述》69《中國全民民主統一會北京行》70《尋找理想國：中國式民主政治研究要綱》。

拾參、中國命運、喚醒國魂

71《大浩劫後：日本311天譴說》、《日本問題的終極處理》72《台大逸仙學會》。

拾肆、地方誌、地區研究

73《台北公館台大地區考古・導覽》74《台中開發史》75《台北的前世今生》76《台北公館地區開發史》。

拾伍、其他

77《英文單字研究》78《與君賞玩天地寬》（別人評論）79《非常傳銷學》80《新領導與管理實務》。

我這樣的分類並非很確定，如《謝雪紅訪講錄》，是人物誌，但也是政治，更是歷史，說的更白，是兩岸永恆不變又難分難解的「本質性」問題。

以上這些作品大約可以概括在「中國學」範圍，如我在每本書扉頁所述，以「生長在台灣的中國人為榮」，以創作、鑽研「中國學」，貢獻所能和所學為自我實現的途徑，以宣揚中國春秋大義、中華文化和促進中國和平統一為今生志業，直到生命結束。我這樣的人生，似乎滿懷「文天祥、岳飛式的血性」。

抗戰時期，胡宗南將軍曾主持陸軍官校第七分校（在王曲），校中有兩幅對聯，一是「升官發財請走別路、貪生怕死莫入此門」，二是「鐵肩擔主義、血手寫文章」。前聯原在廣州黃埔，後聯乃胡將軍胸懷，「鐵肩擔主義」我沒機會，但「血手寫文章」的

「血性」俱在我各類著作詩文中。

人生無常，我到六十三歲之年，以對自己人生進行「總清算」的心態出版這套書。

回首前塵，我的人生大致分成兩個「生死」階段，第一個階段是「理想走向毀滅」，年齡從十五歲進軍校到四十三歲，離開野戰部隊前往台灣大學任職中校教官。第二個階段是「毀滅到救贖」，四十三歲以後的寫作人生。

「理想到毀滅」，我的人生全面瓦解、變質，險些遭到軍法審判，就算軍法不判我，我也幾乎要「自我毀滅」；而「毀滅到救贖」是到台大才得到的「新生命」，我積極寫作是從台大開始的，我常說「台大是我啟蒙的道場」有原因的。均可見《五十不惑》、《迷航記》等書。

我從年青立志要當一個「偉大的軍人」，為國家復興、統一做出貢獻，為中華民族的繁榮綿延盡個人最大之力，卻才起步就「死」在起跑點上，這是個人的悲劇和不智，正好也給讀者一個警示。人生絕不能在起跑點就走入「死巷」，切記！切記！讀者以我為鑒！在軍人以外的文學、史政有這套書的出版，也算是對國家民族社會有點貢獻，對自己的人生有了交待，這致少也算「起死回生」了！

順要一說的，我全部的著作都放棄個人著作權，成為兩岸中國人的共同文化財，而台北的文史哲出版有優先使用權和發行權。

這套書能順利出版，最大的功臣是我老友，文史哲出版社負責人彭正雄先生和他的夥伴們。彭先生對中華文化的傳播，對兩岸文化交流都有崇高的使命感，向他和夥伴致上最高謝意。

台北公館蟾蜍山萬盛草堂主人　陳福成　誌於二〇一四年五月榮獲第五十五屆中國文藝獎章文學創作獎前夕

自序——義便是義，還有甚麼春秋正義？

「義」是人的良知和理性的表現，也是判斷是非、善惡的標準，其標準亦有消極面和積極面兩個「水平」。從消極面說，凡不合乎義的事，我們斷然不做，這叫「有所不爲」；從積極面說，凡合乎義的事，我們必須去做，這叫「有所爲」。

到底一個人應該有所爲，還是有所不爲？得視事情之性質和機緣。故孔子講「執兩用中」，孟子曰：「義者，宜也。」韓愈說：「行而宜之之謂義。」都是在解釋一個人的行爲，如何才是「義」。合宜就是義，就是正當；不合宜就是不義、不正當。孟子又說：「羞惡之心，義也。」又曰：「非其有而取之，非義也。」已明示吾人「有所不爲」、「有所不取」，凡損人利己，有害公衆之事，均爲不義。而「己立立人，己達達人」，便合乎義。

中山先生講的義，就是「正義」，他在「民族主義」第六講說：「講到義字，中國人在很強盛的時代，也沒有完全去滅人國家，比方從前的高麗（又名朝鮮，今韓國），名義上屬中國的藩屬，實際上是獨立國家。就是在二十年以前，高麗還是獨立，到了近一、二十年高麗才失其自由（指日本發動甲午戰爭併呑韓國）。證明中國人講信義，日本人不講信義。」中山先生又說：「中國強了幾千年而高麗猶在，日本強了不過二十年，便把高麗滅了。」孫中山以史事說明鬼子是不義之民族，而我國如孟子言「行一不義，殺一不辜而得天下，皆不爲也。」亦見兩國（民族）文化之高低。

當代猶太社會思想家諾錫克（Robert Nozick），在他的「正義論」指出，人類行爲如何才算公正、公道合乎正義原則？牽涉三個主題：第一是最初取得的方式是否合宜？第二是轉移過程，如某甲轉移到某乙，是否涉到籍交易、贈送，或欺騙、脅迫等不義行爲而達成？第三爲過去不義之擁有，經過改正、補救手續，得以堂堂正正的擁有。以上諾錫克稱「獲得、轉移、改正」三正義原則，此與吾國古聖先賢的正義論述相通。

以上析論，亦見正義是人類社會的普世價值，爲人類社會之能成「人類社會」最重要的價值標準。

本書爲何正義之上又加「春秋」，這顯然是民族文化的設限，如伊斯蘭文化以信仰阿拉爲正義標準，其他民族亦同。我國「春秋正義」，源於孔子作春秋，後世爲春秋作傳者最有名的三家是左傳、公羊傳和穀梁傳。綜合各家內涵有四：

◉禮義廉恥是國家社會的普遍價值。

◉仁政、統一和反侵略是中國政治思想的核心。

◉發揚論語中的仁義道德忠孝節義精神。

◉對不義的統治者秉筆直書亦恆持批判態度。

以上四個內涵正是春秋正義的四大價值標準，在中國歷史上講任何人的行爲，義與不義，甚至歷史走向，都受此規範，春秋正義也叫中國歷史文化的「萬世憲法」。故「孔子成春秋而亂臣賊子懼」，如公元二〇〇四年「三一九槍擊案」和現在這些台獨份子，甚麼都不怕，就怕春秋正義之前，「董狐」之筆不留情，說他們是亂臣賊子，篡竊者，這恐怕是無可避免的歷史定位了。嗚呼！傷哉！篡偷盜均不義也。

按春秋正義的價值標準，本書研究台灣獨派執政、韓戰、波灣戰爭、平均地權、馬恩共產主義、人類前途及五位春秋典型人物。同時論述中國民間信仰諸神的春秋內涵，以此對比批判台獨分離主義亂臣賊子的不義嘴臉和行爲。第五篇是旅行手記，均就教於各方。

春秋正義　目錄

第一篇　捍衛中國正統、仁政與春秋大義價值

——兼論人民如何面對「非法政權」

人民碰到不公不義的「非法政權」

人民碰到分離主義地方割據政權

人民碰到貪污腐敗政權怎麼辦？

捍衛中國正統、仁政與春秋大義價值

——兼論人民如何面對不公不義的「非法政權」

壹、前言

一、世界的價值觀隨時在變，三年一小變，十年一巨變，並不足爲奇，惟其中有不變者，具有透穿時空的永恆力，是爲「眞理」。中國歷史上，永恆不變的「眞理」爲何？無疑的便是正統、仁政和春秋大義，這套價值系統，有「千年憲法」的地位，凡是違背這套價值的統治者，例如簒位者、竊國者、暴君及所有用法手法偷（謀）取大位者，都是「非法政權」。

二、公元二〇〇四年的中華民國總統大選，陳水扁政府設計「319槍擊竊案」，用不公平、作票、作弊、違憲、違法手段，謀取大位，各界質疑，而眞相仍拒絕調查，一再「以拖待變」。此情此景，陳水扁政府已經是「非法政權」。

三、以中華民國總統的身份，不斷向台獨操作傾斜，選後接受國外媒體訪問就說，冒戰爭風險，也要台獨建國，不顧民命，是謂「現代暴君」，聞誅一夫，未聞弒君也。現狀，民進黨政府也已經是「非法政權」。

四、面對「陳水扁僞政權」，「民進黨僞政府」，人民只要啓動「第三次革命」（簡稱「三次革命」）機制，推翻它，才是救中華民國，兩岸免於戰爭之途徑。

貳、政權取得的途徑與存在要件

一、政權取得的途徑

古今中外國家政權的取得方法，看似林林總總、五花八門，如美國獨立、越南和東、西德統一、新加坡建國等，世界各國沒有兩個案是相同的。但仍然可以簡化成兩個途徑。

第一，逆取：用暴力、武力手段取得，通常發生在國家初建立之始，如革命、造反或篡位。尤其「革命」與「造反」，有時指「同一件事」的「不同階段」。國父孫中山先生發動國民革命，初期就叫做「造反」，隨著「合法性」（Legitimacy）升高，終於取得「革命」的合法性地位，得到最多的支持，獲取政權。

第二，順取：用和平、法律手段取得，通常是國家建立之後，政治發展過程中，也建立法治及政治制度，在公平、公開、公正並合乎社會正義原則，競逐大位，得到相當程度（法律規定）支持，獲得政權。

二、政權存在的要件

自從「不公平選舉」（公投綁大選）以來，各界質疑者正是政權存在的兩個要件，合法和合法性。欠缺這兩個要件，絕難長久存在，縱使存在也只能「拖」一時。

第一，合法（Legality），合乎憲法、法律之要件或程序，且合於程序正義，刻意操作軍、憲、警、選務、情治、海巡單位人員不能投票，乃違法、違憲行為。即一般所說違反法律與正義原則。

第二，合法性（或叫正當性），乃人民心中所認為「天經地義」的事，是人民心中所共認的「是」。例如和平、公正、公開、正義，乃至忠孝節義都是，現在陳水扁被全台灣有一半以上的人懷疑，所以他現在叫「陳嫌」。

第三，有了「合法」和「合法性」，大體上便能走上「正統、仁政和春秋大義」的途徑，一個合法的政府才能得取民心，推行仁政，守住春秋大義，此三者是不能割離的，是完整的一體。

參、民進黨政府已經是「非法政權」

不論作票、作弊或槍擊事件調查的如何！眞相如何！其實沒有眞相了，拖了很久尙不能成立眞相調查委員會，太可疑了，也太清楚了，很多証據都消毀了（二〇〇四年四月八日飛碟電台晨間新聞引李昌鈺說），大選過程違法、違憲、違反公正原則，而使民進黨政府成爲「非法政權」已可確認。

一、在政權取得的途徑上是「逆取」的，沒有「革命」的合法性基礎，卻有「篡、竊」的証據。媒體和泛藍謂之「竊國」正是，故爲「非法政權」。一個非法政權而持續存在，是泛藍失職，也是這個時代人民的失職。

二、違法、違憲的選舉，沒有合法性支持的政府，故謂之「非法政權」。一個欺騙、不誠的政權在其他民主國家早下台了，台灣爲何姑息？驗票已驗出成千上萬個作假、作票、作廢的證據，也可以用權力、硬拗，司法單位一點辦法都沒有。

三、不顧人民死活，要冒戰爭風險搞台獨，陳水扁和古代的暴君一樣，他是現代暴君。推翻暴君（暴君放伐論）是人民的權利。

四、選舉本來是民主政治的權力遊戲，有輸有贏也沒有甚麼！關鍵在民進黨的操作手法不僅違法、違憲，也違反道德原則，民進黨玩的是「叢林法則」、「戰爭遊戲」，此違反民主原則，所以是「非法政權」。台灣多數人民和司法若看不到這點，便証明台灣「民主已死」。

肆、這個「非法政權」現在正在做甚麼?

正如同快垮台前的滿清政府，或袁世凱政權，他心中知道人民的力量是很大的，那些即得利益者便更積極的鞏固勢力，不斷向人民假裝「示好」，企圖降低人民的反對力量，企圖拖垮泛藍勢力，拖垮中華民國。這是無恥的政權，沒有禮義廉恥的政權。

一、策略上「以拖待變」，使証據不斷「消失」。拒絕全面驗票，亦未答應成立眞相調查委員會，「非法政權」還會再拖，拖垮泛藍，便等於拖垮中華民國。

二、不斷放出「善意」的迷霧，阿扁要「傾聽」、「理解」、「慈悲」、「安慰」、「撫平族群傷痕」……。另一個角色呂秀蓮說泛藍在「無理取鬧」，李登輝說他現在反對台獨了。天啊！人民，你是白痴嗎？一群騙徒騙走了我們的感情。

三、抹黑、裁贓、滲透、嫁禍給連宋、泛藍或靜坐學生。這是獨派一向的高招，在泛藍集會場、學生靜坐的地方，派人滲透進去，製造暴力事件，嫁禍給泛藍。派打手（如辜寬敏）上節目，不斷抹黑，這種嫁禍給學生、泛藍的手法，依據最近媒體報導，已經有跡可循了，可惜，連宋陣營似乎尚無警覺，泛藍這群人太天眞了，有必要也用相同方法反制。

四、民進黨的外圍，台聯和長老教會現在又在做甚麼呢？報載正為台灣祈福。大家回顧這些長老教會人員所為，搞分離主義、搞台獨、撕裂族群、社會動亂……無所不用其極，其極中之極者就是高俊明李登輝。熱愛中華民國的同胞們看清楚，這些人好話說盡，壞事做絕。當面說「愛」，轉身就「賣」了你，小心！當面說「包容、慈悲」，背後出刀，亂刀把你砍死。

五、二〇〇五年十二月的「三合一」大選，民進黨慘敗，證明非法政權，不行仁政（倒行逆施）及偏離春秋大義的政權，必受人民唾棄，到二〇〇六年元旦，阿扁又說要「制訂台灣新憲法」，顯然獨派執政者還沒醒來，還在倒行逆施，操作台獨議題，會「死的很慘！」

六、這個「非法政權」現在正在做甚麼？其實他們並非「正在做」，他老早就在做，他們也有策略目標，操作細緻，如同把青蛙放在鍋裡慢慢加溫。很多人中毒而不自覺，死之將到而不自知。我把他們的操作流程繪一簡表，就很明白了。

（到九十三年七月「七二水災」時，獨派已開始清洗原住民了，把他們請到中南美洲。）

李登輝、陳水扁等獨派的陰謀圖解

無線上綱—福佬（河洛）沙文主義（用台灣民族主義包裝）

↓

由台灣福佬人控制所有族群和利益

↓

消滅泛藍、中華民國台灣化

↓

中華民國招牌—台灣共和國內容

↓

相機消滅中華民國—成立台灣共和國—福佬人的國度

一旦他們搞成了，福佬人（河洛、閩南人）就是台灣的「山大王」。福佬人永遠坐在「轎」上享受榮華富貴（也不可能，戰爭已毀了一切）。而其他族群，只有幫忙拾皮包、拿拖鞋，或抬抬轎子的份。

我這樣講可能有些人不懂，我說的直接些，給李登輝、陳水扁這些福佬人搞成的話，外省人和客家人以後都會成爲「台灣的猶太人」，被大量的「清洗掉」。如同希特勒「清洗」猶太人一樣，李、陳二人就是台灣的希特勒。

面對一個違法、違憲、不公、不義、不正的台獨非法政權，一個恐怖政權，不顧人民生命財產要冒戰爭風險，就是「現代暴君」，對於「非法政權」和「暴君」，人民必須依據「暴君放伐論」，起而推翻此種違反正義原則的政權，古今中外的歷史皆然，毫無例外。台灣人民如果縱容此種不公不義政權，台灣的民主就可以宣佈死亡，未來還有前途嗎？我們還有甚麼資格要求孩子要誠實？有甚麼資格要求學生考試不准作弊？

伍、啟動「第三次革命」機制的理由

國民革命運動自國父孫中山先生啓動，一百多年來，澎拜洶湧，至今「革命尙未成功，同志仍須努力」。我們努力的目標是中國之民主與統一，但也可以說是推翻非法政權及放伐暴君：

第一次革命：推翻滿清政府，建立民國。

第二次革命：推翻袁世凱政權，回歸民國合法政權。

第三次革命：捍衛中華民國，台獨非法政權下台，完成中國的和平統一。

這裡所謂的「第三次革命」，指中國的和平統一，也就是兩岸問題的解決，這個解決過程充滿變數，若中華民國繁榮安定，則可能兩岸經由和平方法，解決「一個中國」問題；若台灣搞獨立，中華民國只剩「空殼」，甚至亡了，則可能出現「弔民伐罪」，以武力統一中國的局面。

陳水扁政府現在已經是非法政權，一定要下台，是為捍衛中華民國，這個目標只有「啓動第三次革命」才能達成。其理由在「合法」和「合法性」，前面已說了。另一個原因是「暴君放伐論」的依據，須要進一步解釋。

「暴君放伐論」中外歷史都有，這個理論給了人民對不公不義的統治者，有革命的合法權。歷史上（今現代）的暴君都被人民用這個權力放伐推翻，那麼甚麼叫做「暴君」？最簡單的定義是「不顧人民死活」。如此，也就失去當一個國家統治者的合法性（正當性），暴君人人得而殺之。「孟子」梁惠王下：

齊宣王問曰湯放桀，武王伐紂，有諸。孟子對曰於傳有之。曰臣弒其君，可乎。曰賊仁者謂之賊，賊義者謂之殘。殘賊之人謂之一夫，聞誅一夫紂矣，未聞弒君也。

現在關鍵是李登輝、陳水扁、呂秀蓮等人，是否合乎「暴君」的定義。按最近「陳嫌」接受國外媒體訪問，他說冒戰爭風險也要台獨建國，那台灣豈不「將要」血流成河，現在還沒有，但也已經「正在有」了。所以，那些人「正在成爲暴君」，把兩千三百萬人——不，是青蛙，放在鍋裡，正在加火。面對這樣不顧人民死活的「非法政權」，我們用一切方法推翻，都是合法合理的。

我們不能等火燒熱再研究如何推翻，來不及了，現在就要啓動「第三次革命」機制，放伐暴君，長期抗爭，推翻台獨「非法政權」，聞誅一夫，未聞弒君也。不如此，中華民國將亡也！

二〇〇六年元旦，陳嫌又說要製定台灣新憲法，又在操作台獨，不知台灣有甚麼機會、能力可以獨立？

陸、如何啟動「第三次革命」機制?

一、最高指導原則：

㈠國、親、新三黨必須團結合併或整合在一起，才能團結人民。
㈡議會鬥爭和群衆運動路線相結合，泛藍的民意代表還要學習。
㈢體制內和體制外鬥爭相結合，包含結合紅色力量，圍剿島內獨派。
㈣合法途徑和非常手段併用。
㈤戰爭和準戰爭手段的運用。
㈥華僑仍爲革命之母，國內外相結合連擊。
㈦結合次要敵人和朋友，打擊主要敵人（台獨）。
㈧這是數十年，乃至百年的長期鬥爭。
㈨現在，要拉長戰線，擴大戰爭面，才能凝聚泛藍戰力。

二、說　明：

㈠熱愛中華民國的人們！不要怕，勇敢的說出來，站出來！問你身邊的「綠朋友」一句話：吃中華民國的糧餉，爲何不愛中華民國？「去中國化」之後，台灣還剩下甚麼？是不是要回到「石器時代」？

㈡藍綠對決，難免一戰，國父革命也要和保皇黨對決，面對非法政權、暴君、只有起而應戰。

㈢誰是次要敵人？誰是主要敵人？誰是朋友？現在情勢愈來愈明顯，這一套現在搞台獨的人以前在海外也搞過，他們結合中共力量企圖顛覆當時的國民黨政權。現在大陸的共產主義開始質變成溫和的社會主義，甚至回歸「中國化」。以中共當「主要敵人」的實質要件已經很低（百萬台商，千萬旅客怎麼會深入敵營？）可見中共（中國）已經是朋友，而台獨升格成爲「主要敵人」。

㈣在中國歷史上，凡是「非中國化」者，都是「非法政權」。例如：大陸在毛澤東時代搞馬列主義「去中國化」，我們就叫他「僞政權，「僞」者不義的、非法的。現在的台獨政權也搞「去中國化」，它是非法政權至爲明顯。是一個「陳水扁僞政權」。

三、機制啟動

㈠如同中山先生號召國民革命運動，現在要號召人民，教育人民，起來捍衛自己的國家——，中華民國。這是國民黨和泛藍朋友們的百年事業。智慧、人力、物力，財力，必須投入此一運動，這是國民黨的「天職」。

㈡軍、公、教、警等這一塊藍色版圖必須鞏固，分清敵我，台獨勢力已經成為「主要敵人」，你的槍和筆當然指向「非法政權——主要敵人」。軍公教警是維護歷史正義、春秋大義和正統價值，最堅定的長城。

㈢依「暴君放伐論」，誅一夫是合法的，人人得而誅之，這一招國父也用過。所以，我很同意四月七日李濤節目中有位發言人說，五十萬人衝進總統府。這是「政變」的方法，應該叫「革命」，阿扁可以竊國，可以用騙的手段拿大位，人民就有權革命（含政變）。

㈣群衆運動要持續下去，支持工運、農運，支持大學生「野百合運動」。而且力量、規模要不斷擴大。擴大。擴大、我們追求公理、正義：我們追求誠實、眞理，只要泛藍永遠守住仁政和正統價值，就一定能得廣大民心支持。

㈤前述最高指導原則都化爲行動。在海內外、在議會、在任何政府機關、在街頭、在群衆運動……。泛藍的朋友「硬」起來，愛中華民國的人都「硬」起來，第三次國民革命運動機制啓動了，現在的連戰不夠硬，泛藍不夠強，群衆動起來，給他們力量。

㈥呼籲泛藍有能力的朋友，在全省各地成立「地下電台」、「地下雜誌」、「地下報紙」，以反制綠營的「地下抹黑」、「地下抹紅」，擴大反擊力量。結合一切愛國力量：如「洪門組織」、「愛國同心會」等。對台獨勢力展開攻擊、鬥爭。

現在的反對黨（泛藍）都是失職的，「洪門」的中國民族主義那裡去了，都應該反省、檢討、保衛中華民國，完成中國之現代化及統一運動，是泛藍和洪門的歷史任務。

柒、釋　疑

一、有多少人會支持「第三次革命」

一時很難說，國父革命開始的支持度可能不到百分之一，台獨開始造反時的支持度也很低，但現在顯然大大高漲，可見人民須要「啓蒙」和教育，以前國民黨用「灌輸法」。這是不對的，要用「啓蒙法」。自古人民就唾棄不公、不義的非法政權，唾棄貪污、腐敗的「吃錢政權」；唾棄作票、作案的「僞政權」的行爲，這是人民的天賦人權。讓人民看清台獨的眞相，看清民進黨「吃錢」的眞相，「第三次革命」的支持度就會上升。二〇〇五年十二月的「三合一」選舉不就證明了嗎？泛藍要有信心。施明德「倒扁」運動也證明了，大家要有信心。

二、台獨那些人玩群眾運動起家，泛藍玩得過他們嗎？

照歷史上看，民進黨和共產黨玩群衆運動確有高招，國民黨在大陸上玩輸共產黨，現在又輸給台獨份子，最大的原因是國民黨，自己把手腳給綁起來了，怎麼說呢？共產黨、民進黨用叢林法則，玩戰爭遊戲；國民黨用民主法則，玩法律和行政遊戲。

兩者在不同的平台（不公正的平台），叢林法則和戰爭遊戲可以天馬行空，而民主法治遊戲卻必須中規中矩。前者是小人，可以無所不爲；後者是君子，有所不爲。

但是，「三二七要眞相、拼民主、救台灣」運動，讓泛藍有學習機會，也開始領悟到一些道理，開始知道人民力量的運用和藝術。現在泛藍也可以體會「天馬行空」的滋味了，我們有合法性的招牌「中華民國」，自古邪不勝正，拉長戰線，用戰爭遊戲和民進黨「玩」下去，周旋到底。切記！仁政思維、春秋大義和堅持正統，是泛藍的「大寶」，民心在這裡。

三、敢出來支持泛藍的都是一些老兵嗎？

以前也許是，但「三二七」開始改觀了。我自己從「三二〇」以後，親自到總統府，中正紀念堂十多次，親自製作文宣品在現場分發，也觀察「眾生相」。以學生、上班族、中產階級、帥哥、美女、家庭主婦、中間選民較多，應有七成以上，這表示有更多年青族群看不下去了，他們看清一個事實，「李登輝、陳水扁這群台獨份子才是台灣禍源、亂源。」無疑的，對泛藍陣營而言，這是「天上掉下來的機會」，給泛藍轉型的大好時機。

四、現在泛藍或野百合學生運動對「非法政權」有用嗎？

沒有用，因為「力量」太弱，古今中外一切反制政府都唯有「力」是賴，工運、農運、學運及反對黨的制衡作用都是。所以沒有巨大的力量，統治者絕不會理你。泛藍再弱下去，台灣將沒有反對黨（賀德芬觀點）。又成爲民進黨獨裁，進入「綠色恐怖」。

五、革命是要付出社會成本，大家願意嗎？

是的，天下沒有白吃的午餐，但成本有高有低，革命也有和平革命、光榮革命，在何種情況下要升高革命的「撞擊力」，端看「戰略態勢、戰略目標、階段目標。」三者如何佈局，取「最有利之方案」。

泛藍陣營人才多多，懂龍韜虎略之人到處有，端看如何團結合作，共成大業。前面說過：人民須要啓蒙、教育，讓人民知道我們在追求更高的公義，在保衛國家，那麼大家會容忍甚至願意付社會成本。抓住民心，人民就願意付出成本，堅守正統、仁政思維和春秋大義，是中國歷史上唯一可以抓住民心，取得人民信任的不二法門，中山先生革命成功的活水源頭，就在此三者之中。滿清末年因失此三者，而成貪污腐敗的「非法政權」。

六、扁陣營不是在釋出「善意」嗎？

表面上是，他們不斷的說要「傾聽」、「理解」、「和解」，台灣基督教長老教會（獨派外圍）和台聯也說「爲台灣祈福」，「二二八牽手」說愛台灣……但有誰感受到「誠意」，沒有吧！大家只感受到阿扁釋出一個接一個的「騙局」。兵法上這叫「能而示之不能，進而示之退」。扁陣營眞是「吃人民夠夠」，以爲人民都笨蛋。

綠營的笑臉背後，正伸出一把血淋淋的刀，正在把藍營五馬分屍，一塊一塊的生吃，「團結、戰鬥」是唯一生存下去的法門，所謂扁營的善意，只是「鱷魚的眼淚」、「狐狸的安慰」，眞相信了，你就死無葬身之地。

七、問題是現在泛藍好像不夠團結，怎麼辦？

果如此，中華民國只好讓它亡國吧！成就了中國之統一大業，也算功德一件，所以說泛藍一定要團結，只有中華民國存在，泛藍才有前途，馬英九、王金平等人才有前途。中華民國繁榮安定，兩岸才有和平統一機會。現泛藍太軟弱了，像一隻小白兔，人家到你的黨部來殺人、捉人、打人，你都沒有反應。若中華民國沒了，泛藍不管那一派，都沒前途了。現在反對黨是「失職的反對黨」，泛藍該看民進黨以前是怎樣當反對黨的。

所以，未來抗爭的主軸在「拼公道、找眞相、救民主，救台灣，推翻非法政權，捍衛中華民國」。而不是光爲泛藍，更不爲連宋或黨派。如果容許一個非法不公、說謊不誠的政黨存在，容許一個「竊」國的政權存在，我們如何要求孩子要誠實？如何要求學生考試不准作弊？

捌、結 論

一、民進黨用不公不義的非法手段謀取大位，已經失去「合法性」，是不折不扣的「非法政權」，人民也不該縱容「非法政權」存在。

二、「冒戰爭風險也要台獨建國」，不顧人民死活，等同暴君，聞誅一夫，未聞弒君也，人人得而誅之，推翻不法政權。

三、同胞們！你冷靜想一想，爲什麼袁世凱「竊國」我們要推翻他？爲什麼陳水扁「竊國」我們要容忍他？你的理由是安定嗎？那以後小偷強盜也是合法的。我們還有甚麼資格要求孩子、要求學生，要誠實？要公正？請當父母、老師的人想一想。

四、選舉過程諸多手段不乾淨（縱容地下電台散佈連宋配合中共暗殺陳水扁、公投綁大選、用國家資源做廣告、操作軍警不能投票製造假槍擊案等數十項），後來驗票，也驗出成千上萬的作票、作假證據，綠營還是用權力硬拗，死不承認，不道德、不誠實、不乾淨、不合法，太多人質疑，不夠格成爲中華民國總統，成爲國際笑話，成爲千百年笑話。

五、人民面臨一個「非法總統」、「非法政權」，一個「現代暴君」，怎麼辦？如前述啓動「第三次革命」機制，號召人民起來以各種形式推翻它，捍衛合法的中華民國政府。

六、熱愛中華民國的朋友們！熱愛公理正義的朋友們，現在我們要起來捍衛自己的國家，支持「野百合運動」，一起聯合海內外所有愛眞理、愛公義的力量，推翻不公不義、貪贓竊國、吃相難看的民進黨「非法政權」。

回顧中國幾千年歷史，政權轉移上的「正統」，施政上的「仁政」思維，這是一種春秋正義的堅持，合乎中華子民生生世世的利益，這就是永恆的價值，「千年憲法」，不可背離，凡是違反這個永恆價值者，即違背民心，即是「非法行爲」，人民有起來革命的權利。

後記：本文寫於「三一九槍竊案」後，曾在總統府、中正紀念堂的泛藍活動中大量印發，至二〇〇六年初春，重修並列爲本書附件。到二〇〇六年的年中，扁陣營的貪污案一個個被爆料出來，要求下台之聲如排山倒海而來。施明德高舉「禮義廉恥」要求陳水扁下台，呼籲支持倒扁，也支持「民盟」以革命手段推翻暴政。爲本書出版前最沈痛之「籲天錄」。

第二篇　侵略與義戰

△中共參加韓戰過程之研究

△第一次波斯灣戰爭的檢討和啓示

中共參加韓戰過程之研究

壹、前　言

韓戰自一九五三年七月廿七日交戰雙方簽屬停戰協定，僵持至今已半個多世紀。國際局勢已從美蘇的兩極對立，經過一段所謂的後冷戰和解時代。在這悲劇與鬧劇交相存在對峙的半世紀之中，各交戰國均曾研究或思考戰爭起因，尤其針對中共參戰之過程與動機，世之學者極欲瞭解。惟國內在戒嚴時期，兩岸學術史料尚未交流；解嚴至今隨著海峽文教交流，兩岸資料得以併同參研，或可一窺中共參加韓戰過程及動機之一部。

貳、韓戰歷史背景

韓國地處東北亞敏感地帶，千百年來始終是強權必爭的戰略要域，加上第二次世界大戰後共產與民主的複雜激盪，爲韓戰早已埋下火種。試從歷史背景、戰略地位分析其遠因與近因。

一、韓國的地略價值：（附圖一）

朝鮮半島面積廿二萬平方公里，位處中、日、俄三強間之要衝。從大陸東進日本或太平洋，或自海洋進出大陸，都是以朝鮮爲跳板。例如歷史上的蒙古遠征日本、中日甲午戰爭、日俄戰爭、第二次大戰中盟軍對日之戰，朝鮮半島不是淪爲戰場，便是作爲戰略上的中間目標。再者在美蘇對立時期，南韓、日本、台灣與菲律賓，均同爲西太平上的「弧形防線」，圍堵共產主義陣營之中柱。凡此均見朝鮮半島戰略地位之重要，乃成爲當時蘇聯與中共極須奪取之要城。

附圖一：韓國在東北亞地略圖

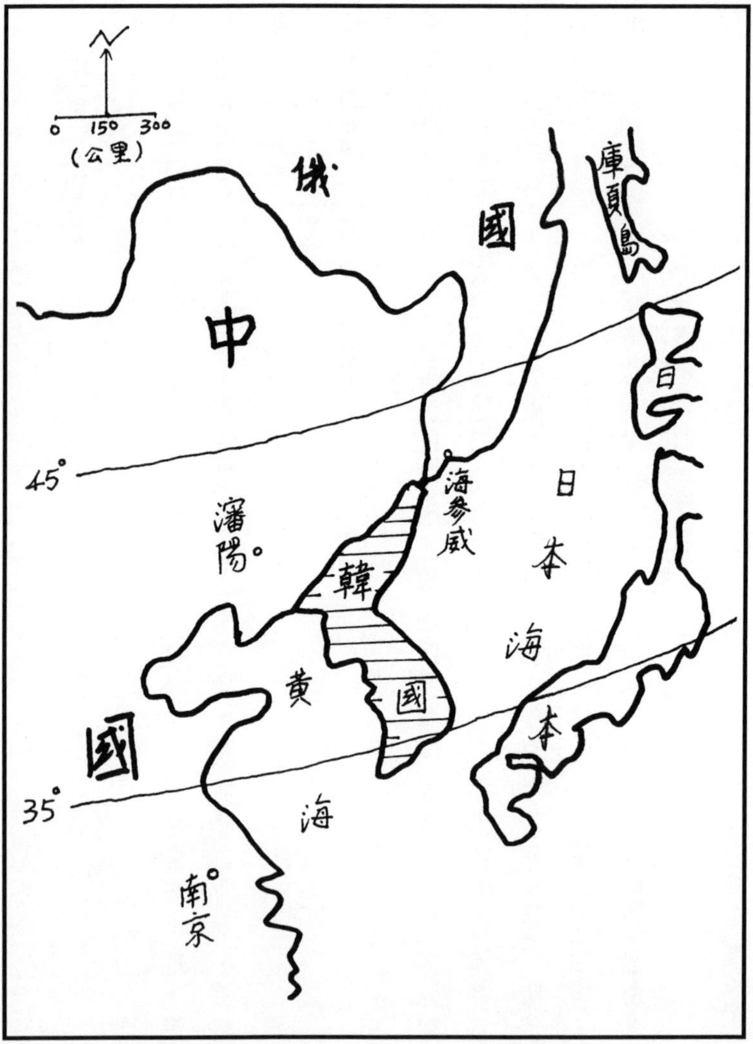

二、韓戰之遠因

關於韓戰之遠因，應從二次大戰末期敘述。一九四五年二月四日，美、英、蘇三國元首舉行「雅爾達祕密會議」，羅斯福錯估日本實力，要求史達林對日參戰，蘇軍得機進入中國與韓國境內。戰後為便利韓境日軍受降事務，規定卅八度線以北由蘇軍受降，線南美軍受降。此純為臨時方便之區分，誰知從此蘇軍沿線設下警戒網，禁止通行。美國與聯合國多次尋求韓國統一，均遭蘇拒絕。一九四八年二月廿六日聯合國大會通過南韓單獨成立政府，五月廿四日選出李承晚為總統，八月十五日宣告大韓民國成立。九月九日北韓亦宣告「朝鮮人民民主共和國」成立，金日成為內閣總理。南北韓並迅速建立其國防武力。

三、韓戰之近因

從共產陣營之觀點看，取得韓國北部，僅是蘇聯遠東海空基地與中國東北重工業基地的守勢屏障。若能取得南部以控領全韓，則足以打破西方的「遠東弧形防線」，進而突穿美國的「縱深國防」（Defence in depth）前線。①北韓乃積極向南韓滲進，並建立群山、寶城、釜山游擊區。一九四八年十月南韓以嚴厲手段鎮壓韓共策動之「麗水事變」，因手段過於殘酷，不少南韓激進份子參加韓共智異山游擊隊，北韓視為有利因素。一九五〇年六月中旬，北韓派代表到南韓談判統一問題，南韓將代表扣留。北韓藉機於六月廿五日大舉南侵，韓戰於是爆發。

四、戰前南北韓兵力比較及作戰構想

一九四九年六月，美軍終止韓國佔領，麥克阿瑟將軍不再負責韓國防衛責任。美國亦反對李承晚「揮軍北上」統一全韓之政策，故當美軍撤走，所能援助南韓的武器，陸軍止於輕兵器，海軍止於巡邏艇，空軍祇有聯絡機。北韓則在中共、蘇共援助下「兵強馬壯」。戰前雙方兵火力比較如附圖二。戰力懸殊實最足誘發戰爭。

在各項主客觀環境誘發下，韓戰之爆發已屬必然。北韓作戰構想：「為統一全韓之目的，以十五個師行廣正面奇襲，主力指向漢城，殲滅所在之敵，佔領全島。」南韓作戰構想：「以內求安定，外抗北韓南侵為目的。自卅八度線迄釜山間地區行持久作戰，並求外援，共抗強敵。」

附圖二

北韓：
陸軍：
步兵師：十五
戰車：二三五
人員：十八萬
海軍：
艦艇：五十
人員：五千
空軍：
戰機：一九五
人員：二千
總兵力：
十八萬七千

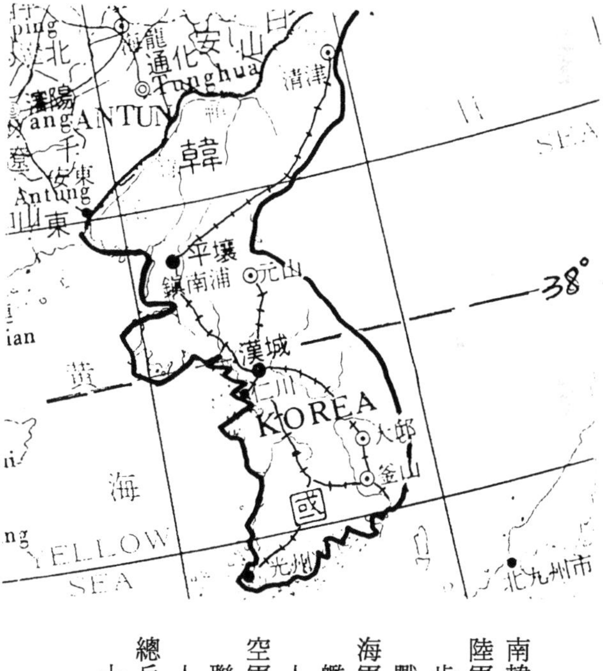

南韓：
陸軍：
步兵師：八
戰車團：一
海軍：
艦艇：二十
人員：七千
空軍：
聯絡機：二十
人員：一千
總兵力：
十二萬八千

資料來源：同註①，韓戰研究，第一篇

參、中共參加韓戰各階段之過程（附表一）

中共正式參戰即附表一的韓戰第三階段。但經吾人研究分析，寧可相信中共自始即打算介入韓戰，並且在韓戰爆發之同時就開始集結部隊。本文試從軍事與政治方面提出有力實證。

一、第一階段北韓南侵時中共軍隊動態（一九五〇年六月廿五日——九月十四日）：

一九五〇年六月廿五日，北韓以十五個師向南韓發動攻勢，主力由漣川——抱川——指向漢城，廿八日漢城陷落。七月十三日第八軍團司令部自日本橫濱移駐南韓大邱，統一指揮南韓陸軍，及陸續到達的各國派遣軍。總計十八國聯軍兵力如附表二。本階段聯軍早失先機，南韓軍多棄械逃遁，潰不成軍。美軍第廿四師在大田會戰損失慘重，人員傷亡百分之三十，裝備損失約百分之七十，師長狄恩（W. F. Dean）將軍被俘。顯然北韓以優勢兵力，行戰略包圍，準備將聯軍全殲，聯軍賴海空軍左右戰局。

本階段雙方作戰如附圖三。

附圖三：北韓南侵初期雙方對峙圖

1950 年 0625-0914

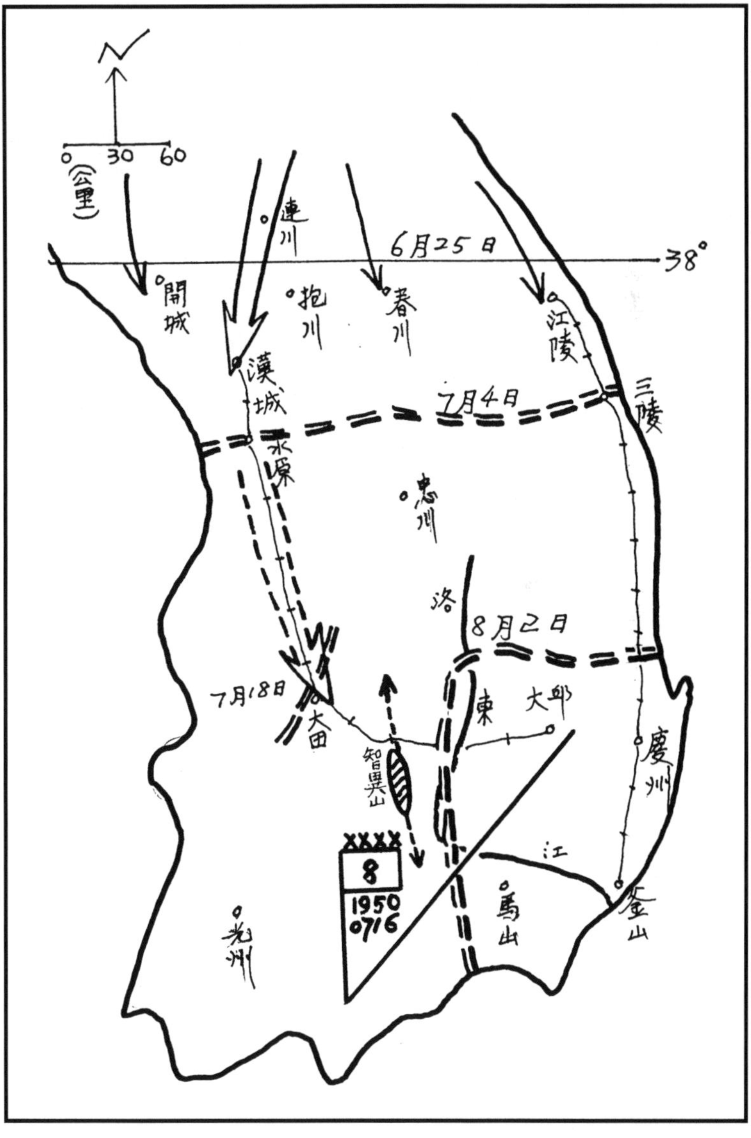

資料來源：附圖三－附圖九參考「韓戰研究」，一書劃成

本階段由於麥帥總部情報誤判、聯軍初期整備不足及南韓兵力薄弱、訓練不良等問題，才兩月餘北韓軍已襲捲全韓，聯軍則退守釜山，情勢相當危急，此期間中共軍隊動態如下：（東北中韓邊境集結者）②

七月一日：一個師完成集結。

八月八日：廿一萬部隊完成集結。

九月上旬：三十個師完成集結，華南部隊北上。

這些徵候在當時美軍情報部隊均未發現，但足以顯示中共已準備介入韓戰。

二、第二階段聯軍反攻時中共軍隊動態（一九五〇年九月十五日——十一月廿四日）。

本階段作戰包含仁川登陸、釜山突圍及北韓潰敗、進軍中國東北邊境等下列要圖。仁川登陸證實麥師斷言：「戰史證明，野戰軍之遭殲滅，十九爲由補給線被截斷。」聯軍由於仁川登陸成功，扭轉戰局，北韓軍全線潰敗，被俘達十三萬餘人。並在十月底追擊到達中韓邊境之楚山，北韓軍殘餘三萬多人，即將全部就殲，全韓統一。此時中共軍隊動態如下：

附圖四：仁川登陸及釜山突圍要圖

1950 年 0915-1015

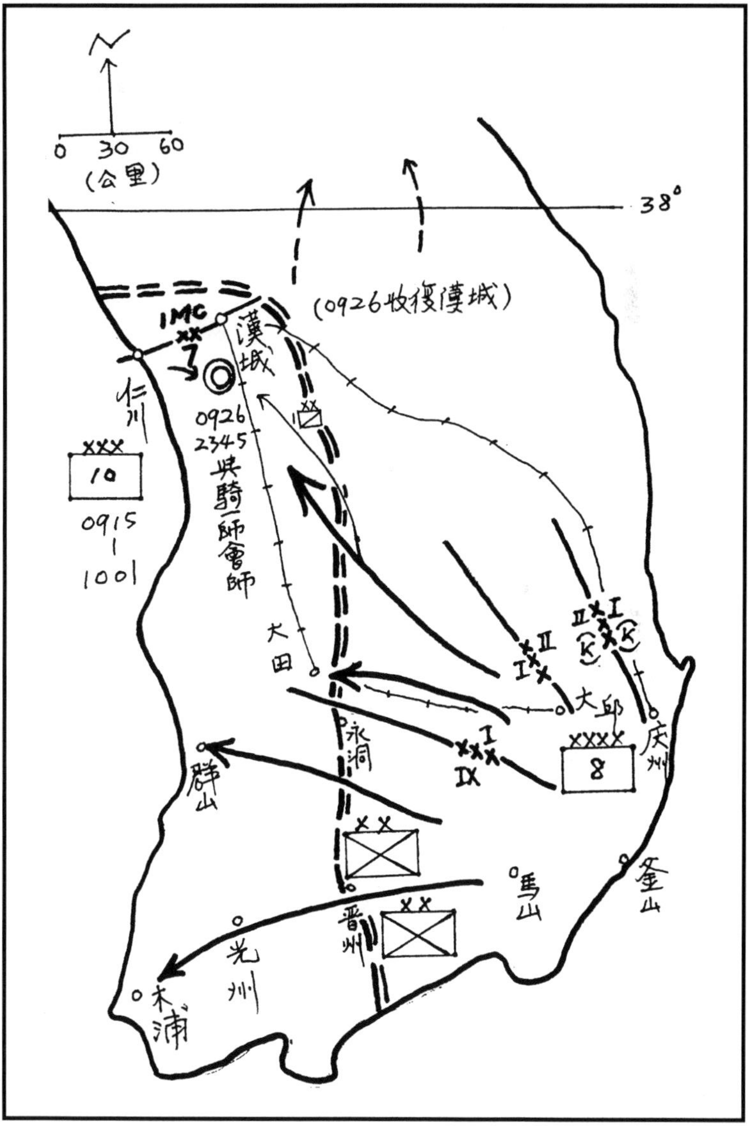

附圖五：聯軍反攻兩軍對峙圖

1950 年 1015-1124

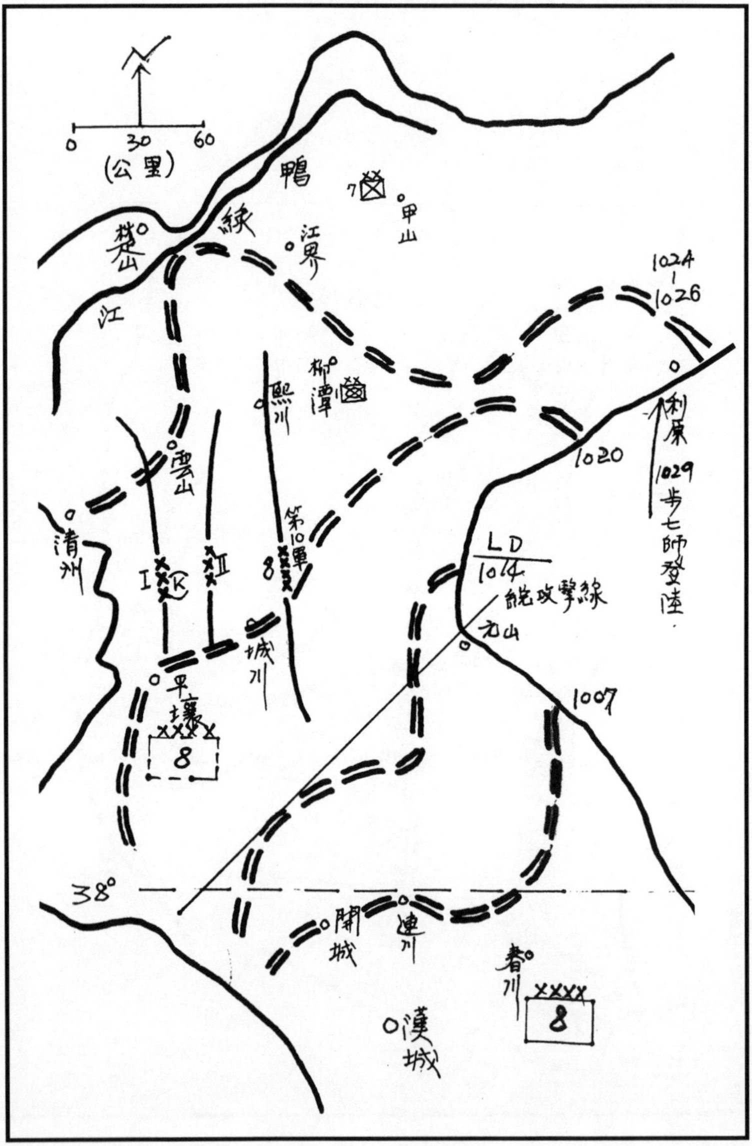

九月底：聯軍進抵新義州附近，證實北韓軍中有中國士兵。
十月底：南韓軍一個步兵團被奇襲而嚴重受損。
十一月一日：米格十五初次向聯軍奇襲。
十一月四日：美軍一陸戰團遭中共兩個團攻擊。
十一月十五日聯軍情報機構才發表：「中共軍約十萬人已進入北韓。」以上徵候顯示中共軍隊在本階段中，初期以非正式加入北韓軍隊，繼之以完整軍隊約十個師兵力已入韓境。

三、第三階段中共正式參加韓戰

（一九五〇年十一月廿五日——一九五一年元月廿四日）

本階段中共以「不宣之戰」方式，正式大舉入侵韓境，聯軍退卻，漢城再度失守。作戰要圖如下：

韓戰爆發以來，麥帥總部的情報部門及美國決策者都以先入爲主的價値判斷，認定中共不致大舉參戰，同時認定中共「沒有空軍」掩護，膽敢增援平壤，美空軍亦能加以殲滅。③到一九五〇年十一月廿四日，聯軍展開總攻擊，突遭中共十八個師大舉

附圖六：中共參戰南侵作戰要圖

1950 年 1126-1951 年 0124

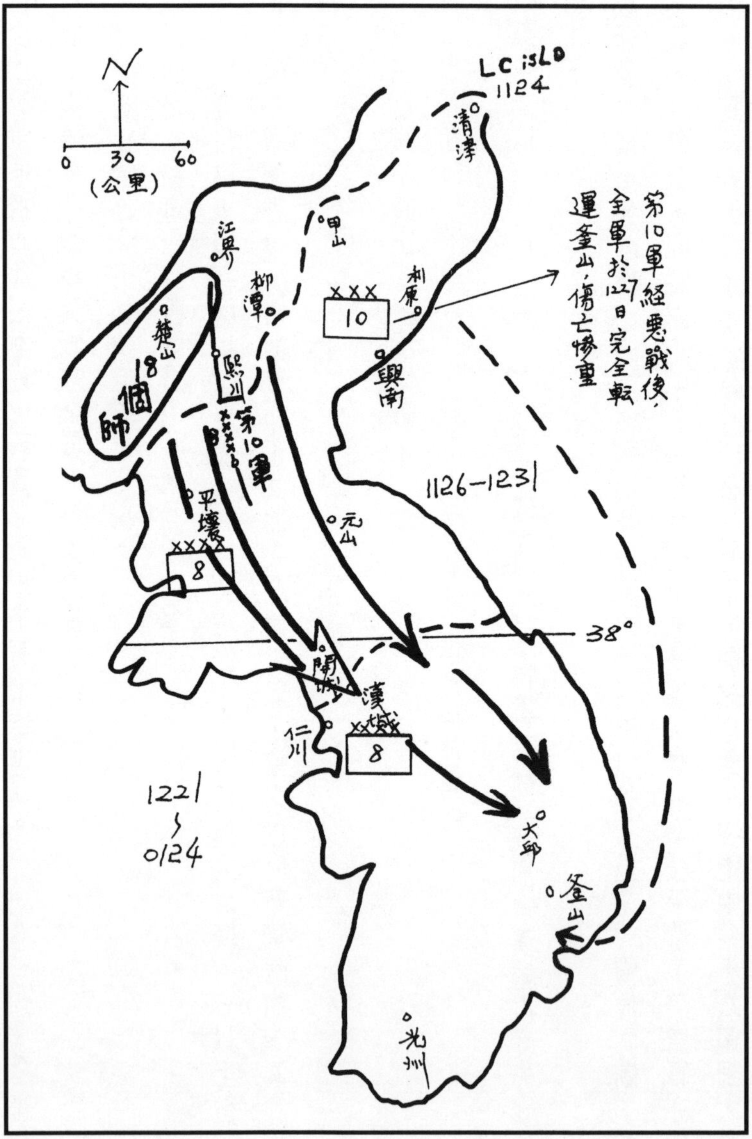

瘋狂攻勢，第十軍與第八軍團再度退回三十八度線以南，漢城失守。麥克阿瑟將軍面對此新形勢，發表談話：

「第八軍團與其他部隊全線，皆遭敵頑強抵抗。已揭穿其『志願參戰』的偽裝。中共第四野戰車，以九個軍成師縱隊，共廿七個師併立第一線。另以第三野戰車之一部，先期在第二線展開，擔任後衛。」④

所幸共軍雖度越卅八度線，但聯軍掌控海空極有利態勢，共軍補給再度受到隔絕，終無力南進，聯軍亦因而得以重形整補，準備再興反攻。

四、第四階段聯軍再興攻勢（一九五一年元月廿五日——六月三十日）

中共參戰到本階段，爲其兵力動員之頂峰，如附表四之判斷，中共計有十九個軍級，各類型師級部隊約七十個，由彭德懷任總指揮。北韓有八個軍（附表三），廿餘個師，由金日成任總指揮。共軍總兵力約在百萬，聯軍僅及其半，約五十五萬。

本階段爲時約半年，重要決戰有「雷霆」、「聚殲」、「英雄」、共軍春季攻勢與「鐵三角」爭奪戰等。作戰經過如要圖七、八、九。

附圖七：聯軍再興攻勢與共軍對峙圖

1951 年 0125-0421

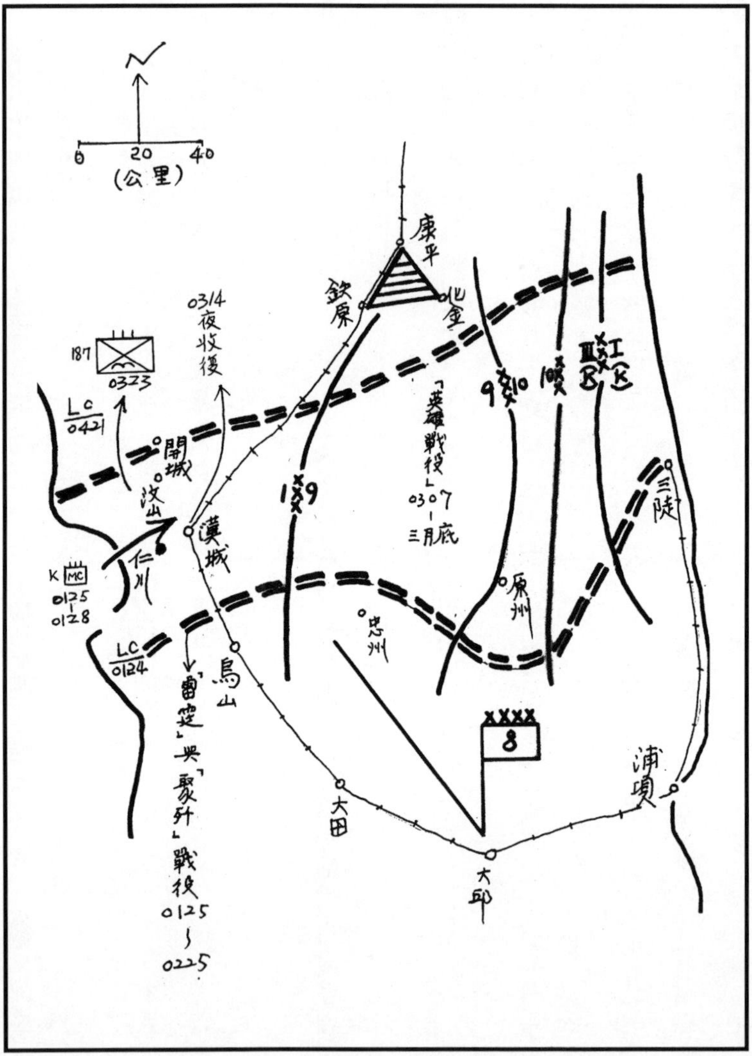

附圖八：共軍第一次春季攻勢作戰經過要圖

1951 年 0422-0515

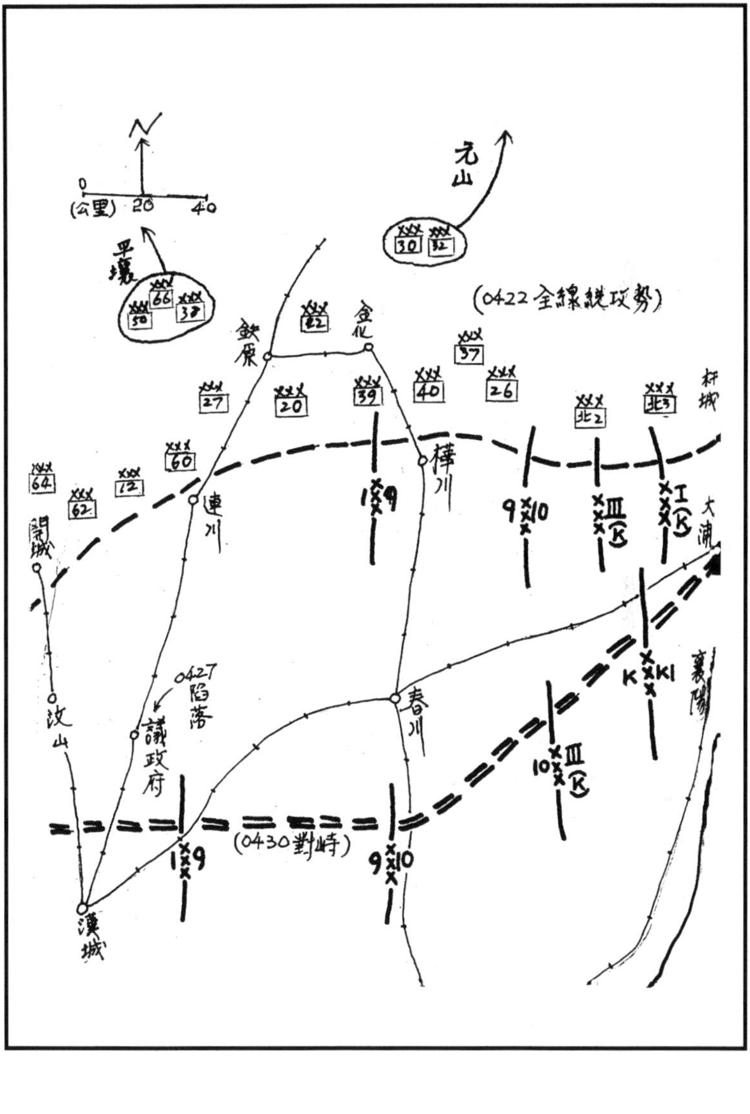

附圖九：共軍第二次春季攻勢與聯軍反攻

1951 年 0516-0630

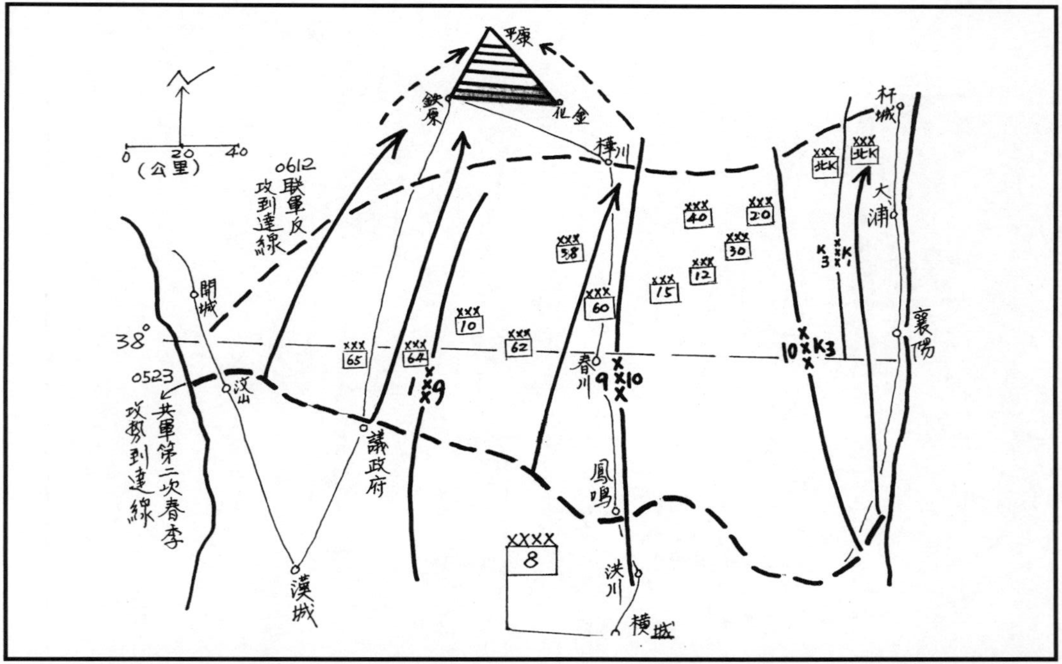

到一九五一年元月底，兩軍對峙在漢城——橫城東西之線。麥帥認共軍戰力之消長，實與從鴨綠江向南延伸之補給線長短成反比，故共軍雖有絕對優勢之兵力，但戰力難以發揮。乃創「殺傷攻勢」（Operation Killer），以陸空火力為主，節約兵力，以火海換取敵軍生命。三月底聯軍越過卅八度線，四、五月共軍發動兩次春季攻勢，逼近漢城。到六月底，共軍因補給受阻，彈藥缺乏，聯軍以絕對海空火力的殲殺結果，再度將共軍壓迫到卅八度線以北約二十餘公里東西之線。戰事由運動戰轉為陣地戰，陷於僵持狀態。

五、第五階段局部爭戰與談判停戰

（一九五一年六月廿三日——一九五三年七月廿七日）

韓戰到此，美、蘇與中共均認為不能再打，乃開始談判停火事宜，惟局部戰鬥仍發生數起，大部隊則維持原態勢。繼談到一九五三年七月廿七日，雙方簽訂休戰協定，以卅八度線稍北，東西長約一百四十公里，寬約四千公尺為「非軍事區」，停戰線如附圖十。

從軍事上看，中共認為北韓是東北外圍屏障，同如美國視南韓為其「縱深國防」

之前線一樣，中共乃不惜參戰。雖以裝備、補給不及，必須停火，軍事目的已達成。

肆、中共參戰政治動機的分析

國家之政治決策與軍事行動爲必然之連接關係，若二者差距過大，甚至相背，必有一方受到挫敗。杜魯門於一九五一年四月十一日將麥帥免職便是此理，故本文除研究中共參戰經過，亦須探討中共參戰的政治動機。

一、進行社會改造與肅清反革命之手段

按共產主義之理想，當時中國大陸之社會必須加以改造，使人口成份純化，乃掀起各項運動。毛澤東在一九五一年針對「三大運動」說：

「過去一年中，我們國家內展開了抗美援朝、土地改革和鎮壓反革命三個大規模運動，取得偉大的勝利。大陸上反革命殘餘即將肅清。」又說：「應把反貪污、反浪費、反官僚看作如同鎮壓反革命一樣……直至槍斃一批貪污犯才行。」⑤

顯然中共將抗美援朝視同其他社會運動，乃將透過戰爭與鬥爭，把一部分人加以「消化掉」。使社會中的異議份子（即不同政治陣營者），能經由戰爭洗牌「處理」掉一些，這是合理的判斷，歷史上多的是這種案例。就算到廿一世紀初，台獨份子游錫堃大喊「中國豬」，也心同此理。

二、藉機使愛國主義合理化，使發動戰爭正義化

一般國家初建，其國民之思想與共識均甚分歧，此爲正常之國家發展過程。尤其中共奪權之初，其法統及道統實經不起知識份子的檢驗，人民所效忠之「國」何在？都是問題。韓戰的爆發是一個機會，爲「師出有名」，乃打了反侵略旗幟，對全體同胞徹底進行思想教育。如毛澤東當年說：

「我們不要去侵犯任何國家，我們只是反對帝國主義者對於我國的侵略。大家都明白，如果不是美國軍隊佔領我國台灣，侵略朝鮮民主主義人民共和國和打到我國東北邊疆……必須舉起反侵略旗幟，這完全是必要的和正義的……爲堅持正義鬥爭，須要加強抗美援朝工作。」⑥

在半個多世紀後的現在，中共學術界評論參與朝鮮戰役，認爲是「抗美援朝，保家衛國」的戰略決策是正確的，合理與正義的。⑦我們不得不承認，人是可以隨時被「策動」的，統治者隨時可以依其需要，策動人民的思想，趨動人民的行爲，人是多麼的不理性。正當我在修訂本文準備出版之際，台灣獨派執政，也是經由意識形態和族群鬥爭，策動一批無知的台灣人，去「鬥蔣、鬥外省人」，爲台獨政客當馬前卒。

三、將美軍援韓等同於侵略中國，激化人民情緒

當一九五〇年六月廿五日北韓南侵，廿七日美國總統杜魯門宣言援助南韓，命令第七艦隊巡弋台灣海峽。中共認爲是美國侵略中國的步驟，顯然「新中國」要獨立，必先排除美國的武裝進犯。⑧同年十一月十一日，當時中共外交部發表聲明，指出美國進犯朝鮮目的，不是爲了朝鮮，而是爲了擴大侵略中國，朝鮮存亡與中國安危密切關聯。⑨「當代中國外交」一書第五章的陳述如下：

「新中國建國初期，面臨的主要威脅來自美國。要維護和鞏固中國的獨立和安全，不能不主要同美國作鬥爭。『抗美援朝，保家衛國』是當時反美鬥爭中最

偉大的戰略決策。它突出地體現了新中國在對外事務中，愛國主義和國際主義相結合的崇高精神。」⑩

從以上分析，顯然中共瞭解到：若北韓不保，則東北受威脅，同時誘發中華民國政府全面性的反攻作戰。這其中居決定地位的便是美國，若美軍全力越過韓國卅八度線，打向東北，台灣亦在第七艦隊支援下反攻，當時中共政權實難保住。故中共視美軍援韓，如同侵略中國，則出兵參與韓戰，豈不等於自衛。僅有這樣解釋，並廣爲宣傳教育，中共社會動員才能徹底，才能驅使百萬大軍到韓國戰場，完成一場有合法性支持的戰役。

四、北韓南侵是共產陣營赤化世界的一環

關於引爆韓戰的政治原因，部分人士認爲美國對韓政策誤謬所致。但多數學者認爲是當時蘇聯、中共與韓共推行「亞洲赤化政策」的一環，有甚多歷史因緣可以追訴引證。其一，從共產理論觀察，世界革命與資產階級的消滅乃必然的科學現象，但到一九一九年止，歐洲共產革命相繼挫敗。列寧便在一九二〇年七月十九日，於彼得格

勒召開共產國際第二次代表大會，提出「東進政策」，先團結中、日、韓僑民，做爲侵略東方各國的準備工作。⑪史達林承襲其觀點，改進成「西守東進」政策，雅爾達密約誘使英美同意俄國在亞洲用兵，爲此一政策之大成功。⑫中國大陸赤化後，對韓共革命無異最大鼓舞。其二，就韓共言，早在一九四九年底，金日成兩度到莫斯科，將南侵構想向史達林提報，並堅信計畫絕對成功。⑬可見北韓南侵乃受史達林支持，其間接目的則在誘迫中共參戰，截斷中共與西方接近之可能性，進而倒向蘇聯。⑭其三，就中共而言，毛澤東認爲「參戰極有利，不參戰極不利」。參戰對東北、對南滿電力、對朝鮮、對東方都是有利。⑮所以毛澤東在一九五三年九月十二日，一篇「抗美援朝的偉大勝利和今後的任務」演講中，解釋參戰是「偉大的仁政」。⑯此外毛澤東也有意利用戰爭訓練軍隊，一九五二年他說：

「抗美援朝戰爭是個大學校，我們在那裡實行大演習，這個演習比辦軍事學校好。如果明年再打一年，我們全部陸軍都可以輪流去訓練一回。」⑰

從蘇聯、中共、韓共等三方面分析，發現韓戰導因，雖與共產陣營的世界革命關聯，但三者也同時爲鞏固自身權力地位而努力。而在戰略上，是「三者一體」的，中共不能坐視韓共的失敗，蘇共也不能坐視中共失敗。若中共在全面戰爭中徹底失敗，這個共產政權可能就被推翻。⑱此亦不合蘇共之利益。

五、其他導致中共參戰的重要政治原因

中韓兩國的「正反」政治人物一向互相幫忙，這是兩國近代史上的事實。中共在叛亂時期，韓共曾協助中共奪取政權。⑲而北韓爲積極準備打勝仗，自一九四六年到一九五三年，發動全民之「增產突擊隊運動」，中共則發動抗美援朝運動爲配合。據學者研究發現，當時毛澤東和金日成所發動的各種關於政治、社會、土地運動，都是互動的，甚至階段劃分也是一致的。從附表四可得到有力證明。⑳中共參戰另有一項無法證實，亦不容排除的原因，藉由參戰將蘇聯勢力自滿洲排除，進而阻止蘇聯對東北的再佔領。㉑蓋當時滿洲由親蘇派所支配，若當時中共不派兵參戰，蘇聯幾乎必須重新派兵進駐東北，此一情況發生，將是重演一次中國人兩百年來的惡夢。故就當時中共戰略言，滿洲的防衛比台灣重要，總動員參加韓戰可阻止美軍，同時排除蘇聯勢力，實在一舉數得。

伍、中韓兩國是永恆的戰略伙伴

國際政治中固然有「沒有永久敵人，也沒有永久的朋友」（英國諺語）之說，但中韓兩國顯然是個例外。本文以上的研究，不過是從近代史和軍事上的一些解析，若把視野擴大到歷史文化層面，就不難理解爲何中國始終和朝鮮人民站在一起，抵抗西方列強。我們只要回顧四百多年來，日本發動三次大型侵略中國的戰爭，三次都先從朝鮮半島下手。日本雖非西方，但確是十足的「西方鷹犬」，其右派勢力仍想重新殖民台灣，，佔領朝鮮半島，一統亞洲。

第一次中日朝鮮七年戰爭（第一次侵華）：在明萬曆廿年（一五九二）四月，到萬曆廿六年（一五九八）底，日本狂人豐臣秀吉策訂一項「大陸政策」，謂日本應統一中、朝、日成「大日本國」，爲亞洲盟主。日軍先出兵佔領朝鮮半島，行「三光政策」（殺光、燒光、搶光），朝鮮史書記載險遭滅種。後明萬曆帝出兵，與日本大戰七年，日軍戰敗，豐臣秀吉氣憤而死，死前承認他的錯誤，但數百萬無辜生命因他而死。

第二次甲午戰爭（第二次侵華）：好日子過久了皮癢，日本明治維新後，燃起征服世界的大野心，在此期間的田中奏摺明白指出：「欲征服世界，必先征服中國，欲征服中國，必先征服滿蒙。」而完成此一大目標的第一步，就是先佔領朝鮮半島和台灣。日本如願拿下這兩塊「跳板」，但台、朝兩地數十年間，亦有百萬生命被日本屠殺，而現在，李登輝、金美齡、辜寬敏等這些漢奸敗類，全都忘了。他們死後如何面對祖宗？

第三次八年抗戰（第三次侵華）：已有許多研究，台灣和朝鮮都光復了，犧牲也是慘重。

本文研究韓戰，爲何要重提這些「題外話」，殊不知「弦外之音」才是知音，題外話才是問題的本質所在。朝鮮在歷史上和中國始終是「一家人」，也是國防戰略之前緣（敵人在東）和後衛（敵人在西），所以兩國是唇齒相依的關係。不論任何時代，中國絕不能容忍任何敵人到「門口撒野」，由此觀之，西方勢力入侵朝鮮，中共出兵援朝也是很自然的道理。

恆常之間亦有變局，大千世界便是如此。兩韓問題如同兩岸，拖到廿一世紀初期卻仍在對峙，這當然涉及美國的霸權利益和國內政客鬥爭。站在美國人的利益設想，當然南北韓和台海兩岸，最好都處於「永久分裂」狀態，對美國才是最大之利，這就是至今美國仍掌控台灣和南韓的道理。在這鬥爭的過程中，北韓竟要自行發展核武？這是多麼嚴重的問題？

眞正的動機外界仍不很清楚（動機包含南北韓和中國），也許北韓人認爲中國沒有給他們充份的「安全感」！所以要自行修煉「絕世武功」最安全。筆者以爲兩韓和兩岸都有共同的本質，只有完成統一才是「永久的安全」，人民在國際上才有眞正尊嚴，而不是依賴核武。

陸、結　論

經本論文研究，中共參加韓戰之過程（含動機、開始、經過、結束、爾後對峙），並不能單純從軍事觀點來看，而有其政治與軍事上可以追究的因果關係。就中共而言，其參戰可以確保北韓，鞏固國境，對內可以肅清異己，穩固國家初建的基礎，這不能說不是中共參戰所得之利。

就美英民主國家而言，美國主導雅爾達祕約簽訂，出賣中國，禍害韓國，故英美乃造成韓國分的裂的罪魁；而俄共、中共與韓共則是韓戰爆發直接的禍首。當然，在戰史上再一次驗證某些戰爭原則的可靠性，例如以優勢兵力爲基礎的人海戰術，受制於強大火力；海空優勢可以左右戰局；補給線是部隊的生命線，補給線太長維護不易，被截斷則使戰力迅速消失。

韓戰結束數十年來，美軍仍在亞太地區部署重兵，並將日、韓等地視爲美國未來戰略考量的重點，顯示東北亞地區並未因冷戰結束，而使戰爭因素消失。㉒但時代已變了，韓戰留下來的問題應有新的思考方向——著眼於平和與繁榮，而不能受限於意識型態。本文以南韓總統金泳三在太平洋盆地經濟理事會第廿六屆大會一段演說爲結語，他說：

「自朝鮮半島分裂以來，我國一直受限於兩韓競爭，如今競爭已經結束。我們將從初步的和解合作，進入下個階段的大韓國協，然後邁向一個統一國家的最後階段……我們敦促北韓放眼亞太地區和平與繁榮。」㉓

雅爾達祕約出賣中國，禍害韓國，造成中韓兩國長久之分裂。吾人深切期望勿論南韓或北韓，或海峽兩岸的中國，經歷半世紀反省，應能走出陰影，以國家統一、和平、民主、繁榮爲首要，而不要成爲美國人的「看門狗」（我立法院質詢國防部長的用語），然而有多少人看到眞相？人民的眼睛是雪亮的嗎？多麼讓人疑惑！

附表一：韓戰各階段雙方戰役兵力簡表

階段	起訖	戰役	雙方兵力	時間	備考
聯軍守勢階段	1950.6.25～9.14	北韓南侵	南韓：七個師五個團及海空軍約十七萬人 美軍：五個師一個團及海空軍約十三萬人 北韓：十五個師及海空軍約廿三萬人	1950.6.25—8.2	
		洛東江之役	聯軍：二十萬（英、美、南韓） 北韓：十五個師約二十萬人	1950.8.3—9.14	
聯軍反攻階段	1950.9.15～11.24	仁川登陸	美軍：兩個師及海空軍共約四萬人 北韓：一個師約六千人	1950.9.15拂曉	
		釜山突圍	聯軍：共約十七萬五千人 北韓：約四——六萬人	1950.9.15—10.15	
		進軍中國東北邊境	聯軍：約四十萬人 北韓：約三萬二千人	1950.10.15—11.24	北韓軍潰敗，被俘約十四萬人。

中共參戰	1950.11.26～1951.元.24	不宣之戰	聯軍：約卅九萬人 北韓軍：十五萬人 中共軍：九個軍約廿五萬人	1950.11.26—12.31	一、中共在東北另集結四十九萬人，計出兵七十四萬人。
		入侵南韓	聯軍：約卅九萬人 北韓：二個軍 中共軍：七個軍	1950.12.31—1951.元.24	二、漢城再度失守。
聯軍再興攻勢	1951.元.25～1951.6.30	「雷霆」與「聚殲」戰役	美軍：三個軍 南韓：二個軍 其他：約一個師 中共：七個軍 北韓：四個軍	1951.元.25—2.25	
		「英雄」之役	聯軍：約五個軍 共軍：十五個軍	3.7.—三月底	聯軍以火海擊潰共軍人海。
		超越38°線	同上	1951.3.31—4.21	

共軍第一次春季攻勢	聯軍：約四十一餘萬 共軍：七十個師	4.22－5.15	東北另集結五十個師。
共軍第二次春季攻勢	聯軍：五十五萬 共軍：鴨綠江以南約七十六萬人	5.16－5.22	
「鐵三角」爭奪戰	聯軍：五十五萬人 共軍：約五十餘萬	1951.5.23－1951.6.30	
局部爭戰與談判停戰			
1951.6.23～1953.7.27			
「金元山」爭奪戰		1951八月初	
「血嶺戰鬥」		八月底	
「傷心嶺」之戰		九月上	
空戰		1951.10－1952.2	擊落米格186架，自損30架。
簽署停戰協定		1953.7.27上午	雙方停戰線如附圖。

附表二：韓戰各參戰國兵力

聯軍

國別	番號	兵力
美	2D 3D 7D 25D MID 45D 40D	一四四、〇〇〇
英	28B 29B （上二旅與加25B澳3R紐1Bn已編成英聯邦1D）	一五、〇〇〇
土	1B	四、〇〇〇
澳	3R	一、一〇七
泰	21R	四、〇〇〇
菲	10Bn	一、二〇〇
加	25B	七、〇〇〇
法	1Bn	一、〇〇〇
紐	1Bn	一、〇〇〇
荷	1Bn	一、〇〇〇
希	1Bn	一、〇〇〇
比	1Bn	一、〇〇〇
哥	1Bn	一、〇〇〇
阿	1Bn	一、一五八
南韓	1D 2D 3D 5D 6D 7D 8D 9D 11D CAPD MIR	七二、〇〇〇
總計	17(D) 4(B) 4(R) 8(Bn)	一五五、四六五

共軍

國別	部隊番號	合計	兵力
中共軍	12A 15A 20A 26A 21A 109D 111D 37A 38A 39A 40A 42A 47A 50A 60A 63A 64A 65A 66A 67A 68A 1AmdD 3AmdD 1AD 2AD 3AD 5AD 7AD 8AD 21RLD 31ATD 32ATD 16AR 17AR	18(A) 2(D) 2(AmdD) 6(AD) 2(ATD) 1(RLD) 2(AR)	六二八、〇〇〇
北韓軍	1A 2A 3A 4A 5A 6A 7A 8A	8(A)	二一八、九五九
總計		26(A) 2(D) 2(AmdD) 9(AD) 2(AR)	九〇〇、九五九

資料來源：韓戰研究附錄六

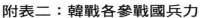

附圖十

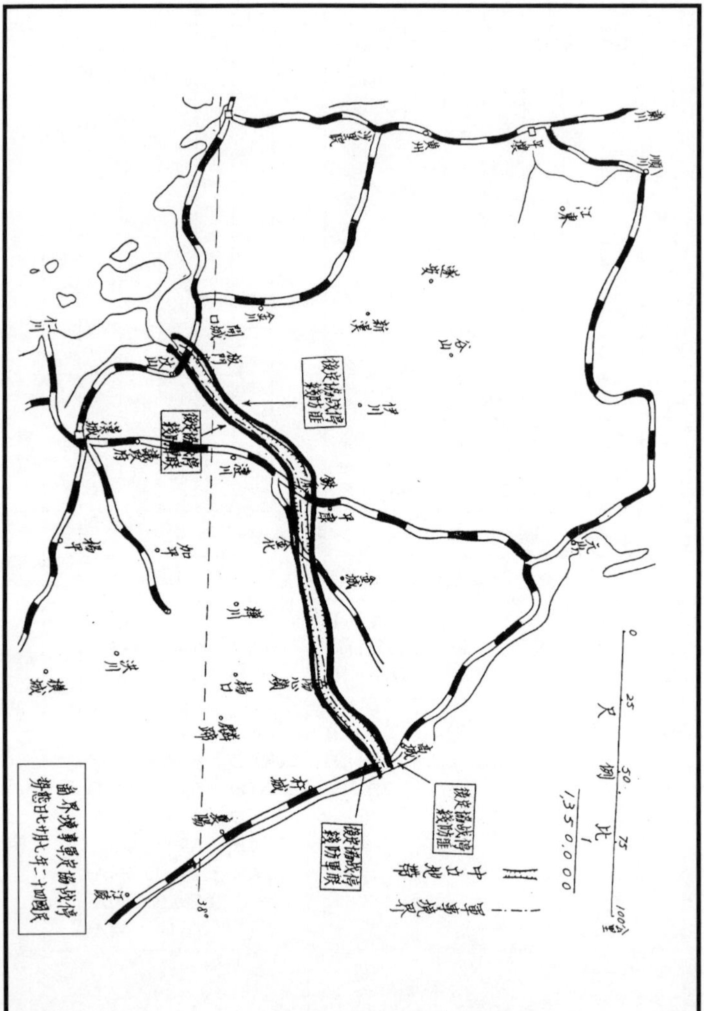

附表三　北韓軍戰鬥序列判斷表

總指揮金日成

- 第一軍　崔　仁
  - 第八師（不詳）
  - 第九師（不詳）
  - 第四七師（不詳）
- 第二軍　張今喆
  - 第二師（不詳）
  - 第十三師（不詳）
  - 第二九師　趙　寬
- 第三軍（不詳）
  - 第一師（不詳）
  - 第十五師　李桂禹
  - 第四五師（不詳）
- 第四軍　朴勳一
  - 第四師（不詳）
  - 第五師　李芳南
  - 第一〇師（不詳）
  - 第一〇五裝甲師
  - 第二三機械化砲兵旅
  - 第二六機械化砲兵旅
- 第五軍　方虎山
  - 第六師（不詳）
  - 第十二師（不詳）
  - 第四六師（不詳）
  - 第二五機械化砲兵旅
- 第六軍　崔鏮健—（所轄各師不詳）
- 第七軍（不詳）
  - 第六師（不詳）
  - 第七師（不詳）
  - 第三七師　何鎮東
  - 第二四機械化砲兵旅
- 第八軍　李榮洙—（所轄各師不詳）

中共軍戰鬥序列判斷表

- 第三兵團（屬二野）（不詳）
  - 第十二軍 王近山
    - 第三一師 趙蘭田
    - 第三四師 尤太忠
    - 第三五師 李得勝
  - 第十五軍 秦基偉
    - 第二九師 朱發田
    - 第四四師 向受知
    - 第四五師 崔建功
  - 第六〇軍（不詳）
    - 第一七八師 胡正平
    - 第一七七師 奧識洪
    - 第一八〇師 鄆基貴
- 第九兵團（屬三野）宋時輪
  - 第二〇軍 張翼翔
    - 第五八師 黃照田
    - 第五九師 蔡可林
    - 第六〇師 王胡林
  - 第二六軍 張仁初
    - 第七六師 孫繼賢
    - 第七七師 沈平
    - 第七八師 周長勝
  - 第二七軍 潘德清
    - 第七九師 蕭立海
    - 第八〇師 吳蘭亭
    - 第八一師 羅基
- 第十三兵團（屬四野）（不詳）
  - 第三九軍 吳修川
    - 第一一五師 陳金玉
    - 第一一六師 王占
    - 第一一七師 張天雲
  - 第四二軍 吳續林
    - 第一二四師（不詳）
    - 第一二五師 王道川
    - 第一二六師 王振祥
  - 第四七軍 邵力輝
    - 第一三九師 劉周元
    - 第一四〇師 陳福章
    - 第一四一師 王千山

附表四

總指揮　彭德懷

- 第十九兵團（屬一野）楊得志
  - 第六三軍　傅鐘璧
    - 第一八七師　徐新
    - 第一八八師　張立輝
    - 第一八九師　徐正
  - 第六四軍　曾思玉
    - 第一九〇師　詹新中
    - 第一九一師　陳新中
    - 第一九二師　何玉發
  - 第六五軍　蕭英湯
    - 第一九三師　趙丹遵
    - 第一九四師　趙翁敬
    - 第一九五師（不詳）
- 第二〇兵團（屬直轄）楊成武
  - 第六六軍　尚慶梧
    - 第一九六師　程少甫
    - 第一九七師　郭繼先
    - 第一九八師（不詳）
  - 第六七軍　馬龍
    - 第一九九師　李椿清
    - 第二〇〇師　李清
    - 第二〇一師　馬輝
  - 第六八軍　蘇德邵
    - 第二〇二師　蕭魁
    - 第二〇三師　劉志
    - 第二〇四師　邱玉清
- 其所轄之兵團不詳原均屬四野
  - 第三七軍（不詳）
    - 第一〇九師（不詳）
    - 第一一一師（不詳）
  - 第三八軍　梁興助
    - 第一一二師　江擁輝
    - 第一一三師　唐春山
    - 第一一四師　車遵玉
  - 第四〇軍　韓先楚
    - 第一一八師　鄧岳
    - 第一一九師　[illegible]賢文
    - 第一二〇師　韓國成
  - 第五〇軍　曾澤生
    - 第一四八師　白宙舍
    - 第一四九師　龍輝
    - 第一五〇師　王家善

第一砲兵師
第二砲兵師
第三砲兵師
第五砲兵師
第七砲兵師
第八砲兵師
第一裝甲師
第三裝甲師
第二一火箭砲師
第三一戰防師
第三二戰防師
第十六砲兵團
第十七砲兵團

註釋

①「縱深國防」是美國一九五〇年代的遠東戰略構想，概爲確保其西北空防區（包括阿拉斯加與阿留申群島）的安全，以控制日本、琉球、菲律賓之間的「海島基地群」，建立一道「縱深國防」前緣。空軍爲第一線主力，海軍協助陸軍確保基地，以掌握貝加爾湖至印度以東區域的制空權，及海參威至新加坡間亞洲大陸邊緣的制海權。參閱三軍大學印，韓戰研究，第一篇，六十一年三月出版。

②同前書，附件四。

③同前書，六十七頁。
④同③，七十一頁。
⑤人民出版社出版，毛澤東選集，第五卷，五五——六二頁，一九七七年四月第一版。
⑥同⑥書，五十七頁。
⑦竇暉編著，中華人民共和國對外關係概述，廿八——廿九頁，世界知識出版社，一九八七年十二月第一版。
⑧同⑦書，廿二頁。
⑨同⑦書，廿八頁。
⑩韓念龍主編，當代中國外交，第五章，北京，中國社會科學出版社，一九八七。
⑪汪少偉，「列寧、史達林東進政策之研究」，復興崗論文集，第十期，政治作戰學校研究部印，七十七年六月三十日出版。
⑫同⑪書，三三五——三三六頁。
⑬鄭洪鎮譯，赫魯雪夫回憶錄，漢城，翰林出版社，一九八二年出版，三五二——三五三頁。（轉引東亞季刊，十七卷二期，民七十四年十月一日）
⑭禹鍾淏，「美、中共參加韓戰之研究」，東亞季刊，十七卷二期，一二五——一二六頁。民七十四年十月一日。

⑮同⑦書，廿七頁。
⑯同⑤書，一二一頁。
⑰同⑤書，七七——七八頁。
⑱亨利．季辛吉（Henry A. Kissinger）著，核子武器與外交政策，胡國材譯，黎明文化事業公司，七十三年六月版，三六——三七頁。
⑲同①書，八一頁。
⑳李東薰撰，中共與北韓動員功效之比較研究，政治大學博士論文，七十四年六月。
㉑同⑭，一三一——一三二頁。
㉒錢倪（Dick Cheney），八十二年五月十五日在國防部演講「亞太安全與美國全球戰略」，筆者適往聽講。
㉓中國時報，八十二年五月廿五日。

第一次波斯灣戰爭的檢討和啓示

壹、前　言

近十餘年來，美國對伊拉克發動兩次戰爭，第一次勉強算是「合法行爲」。說「勉強」的合法行爲，是雖有聯合國授權，但這種授權是大帝國（美國）策動的結果。再者，美國號稱「民主」大國，有甚麼資格去推翻另一個國家的政權，又有甚麼資格以單方面認定別國的政治制度不民主？美式民主爲甚麼要強行推銷給伊斯蘭世界？畢竟不同文明和文化，各有不同生活方式和制度。所以說第一次對伊作戰勉強合法，第二次攻伊則全是侵略行爲。本文研究以第一次波斯灣戰爭爲主。

貳、第一次波斯灣戰爭期間阿拉伯世界情勢

伊拉克於一九九〇年八月二日以強大兵力入侵科威特，引發舉世矚目的波斯灣戰爭。經以美國爲首的廿九個國家組成聯軍統帥部，由美軍史瓦茲可夫將軍指揮，於一九九一年元月十七日開戰，到三月二日戰爭中止。如今已隔多年，戰爭雖已終止，但各國對這次戰爭的研究與思考並未終止，可能正是某項研究發展的起步。因爲這次戰爭不但是多項新武器的實驗，也對現代戰爭原則與趨勢的實證，是自越戰以後一次最大規模，計畫性與專業性戰爭，可能將形成未來戰爭之「典範」。關於戰爭之起源與經過，國內外各類研究報告均已詳述，本文不再重複贅論，置重點於對交戰雙方之檢討，瞭解其長短，進而提出對我國建軍備戰的啓示。

波斯灣週邊地區國家及此期間阿拉伯世界形勢如下圖，伊拉克總統海珊被超強美國傳成「世界公敵」，戰敗實屬必然。

圖 1：

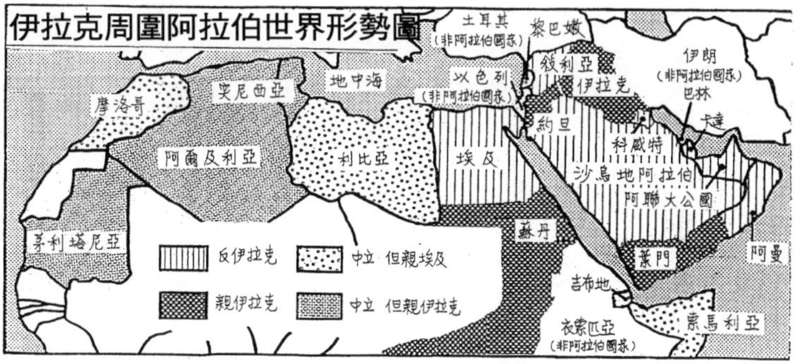

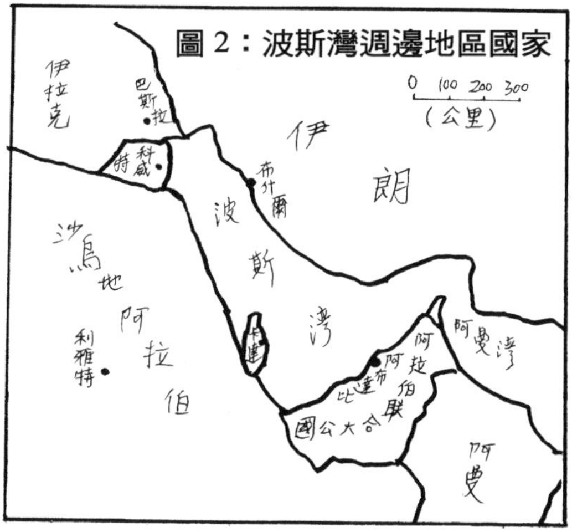
圖 2：波斯灣週邊地區國家

參、波斯灣戰爭兩軍勝負之得失檢討

這次戰爭因為是由專業性的職業軍人，所打出的有計畫戰爭，幾乎所有作為都是有計畫的，在衛星、電腦、電子科技之監控下進行。且政治與軍事有明顯的分界與配合，所以好壞得失很明顯，不是一場讓人看不懂的仗。

一、兵（軍）種聯合作戰是現代戰爭趨勢

伊拉克於一九九〇年八月二日入侵科威特，美國在八月七日下達初動命令，九月六日完成第一階段兵力部署，到一九九一年元月完成後續部隊之部署。集廿九個國家之兵火力，持續卅七天海空攻擊，一百小時地面攻勢，迅速擊敗伊軍，光復科威特，以最小損失，造成伊軍最大傷亡，達成任務。此非有良好之三軍聯合作戰不為功，而運用「空地整體作戰」新戰法，「縱深多軸打擊」與「多空間全方位」統合打擊，才是聯合作戰成功的主因。反觀伊拉克，海珊仍企圖用他在兩伊戰爭中的「大縱深地面防禦部署」，配置重重障礙，打算用此老戰法「葬送美軍」，而未能在海空軍方面建

立優勢，更沒有良好的三軍聯訓來統合戰力。

二、國家基礎科技穩固是打勝科技電子戰的保證：

此次戰爭也同時是現代科技之展示，如美軍F——一一七隱形戰機、衛星監控、AH——六四攻擊直升機、夜間導航、電子反制，法國幻象F——一、英國颶風戰機等國所提供之武器裝備令大家耳目一新，成爲左右戰局之重要兵器。他的背後有個共同點，便是這些國家的基礎科技穩固而進步，由於國家基礎工業有好的根基，才有輝煌的國防科技。反觀伊拉克雖買了很多先進武器裝備，但科技上沒有基礎，一旦來源中斷，零件供應維修全部停擺，好裝備也形同廢鐵。

三、海空權優勢掌握確保陸上部隊運動自由

此次「沙漠風暴」兩軍海空優劣之勢，可從機艦比例上看。聯軍各類飛機有三四五六架，艦艇二一六艘；伊拉克各型飛機一二一〇架，艦艇五九艘。①伊拉克戰機有半數被殲於地面，百餘架逃至伊朗，海空戰力極微弱。英國哲學家培根曾說：「誰控制了海洋，誰便有了最大自由。」風暴戰爭中，「威斯康辛」號航空母艦戰鬥群在地

中海，「艾森號」航母戰鬥群在紅海，「甘乃迪號」航母戰鬥群在波斯灣內，「獨立號」航母戰鬥群在阿曼灣，徹底執行海上禁運、石油進出，伊拉克補線全被切斷。伊軍有生力量便難以維持。

四、地面作戰趨勢已得到有力實證：

國軍聯兵準則所提地面作戰趨勢，在「沙漠風暴」中已得實證者如：聯軍因兵（軍）種及同盟作戰成功而勝，伊軍反之而敗；作戰正面東起波斯灣，西到地中海約二四〇〇公里，縱深南起紅海，北到底格里斯河岸約一千餘公里；地面決戰一百小時；伊軍固守陣地防禦方式喪失主動權；科技電子裝備之使用，伊軍祕匿企圖愈形困難；雙方動員人力物資龐大；聯軍地空整體，快速分合，機動作戰成為主流。

五、核生化之備而待用才能阻敵不用

海灣戰爭中聯軍並未完全排除對伊軍使用核武或生物戰劑，但最大威脅則在作戰全程海珊揚言使用化學武器，聯軍作戰都在化學戰狀況下進行。所幸伊軍並未用以扭轉劣勢，原因雖諸多費解存疑，但關鍵應在聯軍防護力強，化學戰力更強將使伊軍遭受更大損失，而伊軍化學戰力大部被毀，小部沒有把握使用。聯軍因備而待用，使伊軍不敢用。

六、後勤動員決定戰爭勝負並顯示國力強弱

聯軍的後勤支援能力已有許多專論與統計，本文不再重新演算，僅象徵性做下列比較：②

項目／部隊	聯軍	伊軍
食物	各級部隊編配麵包車，每日兩餐熱食，冷凍蔬菜水果。	部隊提供主食，副食自謀生活，在科威特搜括。
飲水	美國本土空運礦泉水，規定每人每日飲三——四加侖（擔心沙國飲水不夠標準）。	一、底格里斯河和幼發拉底河流量已遭聯軍減量1／4。 二、科南給水站已遭破壞。
沐浴	每週每人沐浴四次，水由沙烏地阿拉伯海水淡化供應。	狀況不佳（戰俘身上已長蝨子）。
其他	防曬油、熱狗、漢堡等，另成立戰地零售店，官兵自行購物。	

檢討聯軍後勤支援之成功有以下主因：③

㈠由電腦連線作業規劃補給管理。
㈡大量使用貨櫃運輸，實施單位分配法。
㈢在預想作戰地區儲備軍品，並機動調整。
㈣民間企業有近三千家廠商配合生產各類軍品。④
㈤民間車船飛機在美國國防部統一策劃下，大量動員。

肆、波斯灣戰爭對我國建軍備戰應有之啟示

波灣戰爭結束正好兩年，伊拉克政府至少已接受一九九一年四月六日聯合國安理會第六八七號決議案：「永久停火條件」，科威特業已規復。許多國家也以此一戰爭爲教訓，重新調整其國防政策，或檢討其建軍備戰上之問題。而此處所謂的「我國」，含眼前的中華民國，並放眼於未來統一的中國，畢竟中華民國如宋元明清只是一個「階段」，永恆的中國才是我們最終的「母國」。而廿一世紀正是中國人的世紀，先從中華民國說起。

一、加強國防建設，積極建軍備戰

這是確保國家安全、人民安康、政經發展的有力保證。裝備不在多，要精良；部隊不在衆，要能戰。孫子兵法所說：「兵者，國之大事，死生之地，存亡之道，不可不察。」保有一支可戰的兵力，目的是避免戰爭和預防戰爭（此說與九十五年國防報告書合）。

二、國軍存在和建軍目的為何？

中華民國國軍之建軍備戰，目的若僅在避免戰爭和預防戰爭，這是很消極的。在國軍的教戰守則中，很多地方都提到國軍有一個更崇高的目的，便是追求中國之統一。假如國軍放棄對中國統一的追求，便淪爲「地方軍閥」，隨著台獨政客起舞，失去理想性和存在的合法性，故此時國軍應如何自處？

第一、不能隨台獨政客起舞，維持理想性和合法性。

第二、和中國人民解放解軍的關係是「統合」而非「對峙」。

第三、怎樣「統合」？乃聯合防「獨」。

第四、只要兩軍能有交流、統合機會，台海不會有戰爭。
第五、國軍存在目的意義，都是追求中國統一。

三、落實基礎科技研究，精進國防科技與電子發展：

波灣戰爭給我們最深刻的印象便是「科技競賽」，就廣義言之，武器裝備與電子技術勝敵，第一步是科技基礎要好。我國防科技今後若想有大突破，則必須在人才、資金、研究環境上積極投入。而自力研發、合作生產、分散採購及提高民營比例應是可以依循的方向。

四、加強兵（軍）種聯合作戰以提昇統合戰力

「三軍聯合」與「地空整體」作戰是未來必然之戰爭型態，在此次海灣戰爭中聯軍也充份證實過。因此我們應以此爲範例，針對台澎防衛作戰特性策訂政策，置重點於三軍聯合計畫作爲、聯合海空運輸、聯合電子戰、聯合防空，以發揮三軍統合戰力。

五、後勤支援便是國力動員

在波斯灣戰爭中，後勤支援就是整體國力動員是可以體會的。戰爭永遠要依賴「某種」後勤支援，中華民國或未來統一的中國，要得到和平，有時戰爭是必要手段。

㈠在軍事體系內，要建立完整的後勤支援流程，不論「補保運衛其」都要把握「快捷」觀念。依此次波灣戰爭經驗，往日逐級申請、撥發之繁瑣程序已被放棄，改用直接支援，上級直接將軍品運輸到使用單位。

㈡民間資源動員：在人方面的編組動員，接替地區守備或勤務運輸責任。物方面如車船、飛機如何支援作戰，工商界配合生產相關軍品。

㈢國家不論多麼強大，日不落的大英帝國，資本主義美帝國或未來崛起的中國，萬里外爆發戰爭，如何突破時空限制，把資源輸送到戰區，就算未來的星際戰爭，仍是確保最後勝利的「根」。

六、鼓舞士氣還是凝聚戰力的不二法門

伊拉克雖然戰敗，但就士氣鼓舞方面而言有足可參考之處。海珊利用大阿拉伯種

族主義，維護領土完整的愛國主義及對阿拉眞主信仰三個途徑，提昇無形戰力以抗拒全世界廿九國聯軍，我們還是佩服伊軍的勇敢。

從古希臘、羅馬的戰爭，黃帝和蚩尤的戰爭，到現代的第三波戰爭，或未來中國人主持世局所主導的戰爭，鼓舞士氣凝聚戰力仍是不二法門。除非戰爭不是一群「人」在打，而是一批「機器」在打，則士氣何用之有？

伍、波斯灣戰爭對中國建軍的啟示

波斯灣戰爭已打完，後來又有第二次戰爭，美軍至今（二〇〇七年春）仍有十餘萬大軍被困在伊拉克，國內反戰聲浪不斷升高，布希政府在困局中掙扎，同時全民正飽受恐怖攻擊威脅。崛起的中國如何看待這個問題，對我中國應有何種啓示？

首先，吾人以爲美國之衰落和中國的崛起，是全球所有政治家認爲廿一世紀必然的趨勢，且西方資本主義必使全球帶來災難，也是很多思想家共同的看法。這表示廿一世紀中期以前，中國就要負起主盟國際的重責大任，一個國際盟主必須要有世界一流的軍事戰力；如同一位武林盟主要有絕世武功，這是合理自然的思維。居於此，也

從波斯灣戰爭的啓示，中國要加強軍事建設，使國防、軍事和國家整體戰力現代化，

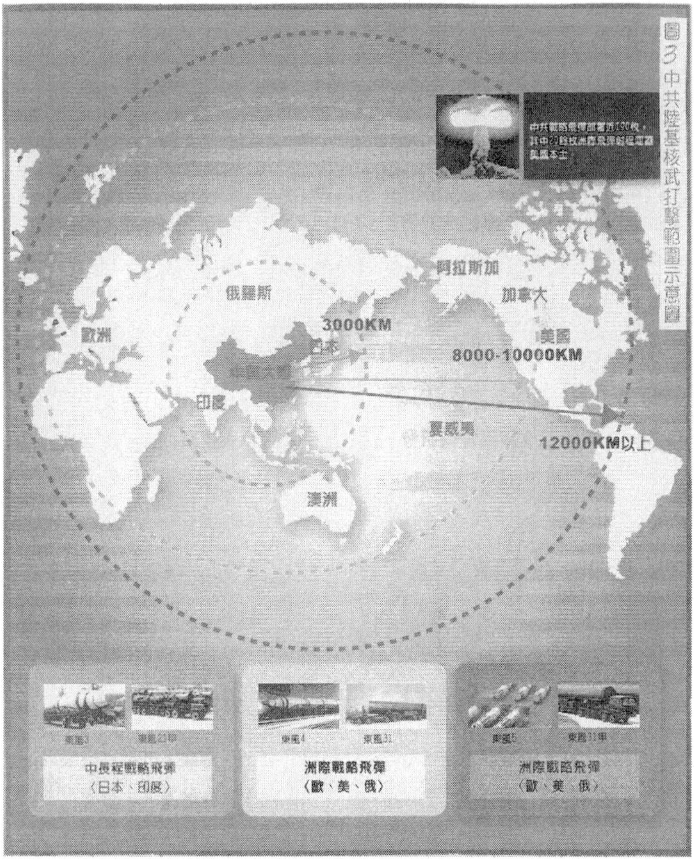

圖3中共陸基核武打擊範圍示意圖

圖4 當面中共短、中程常規飛彈射程涵蓋示意圖

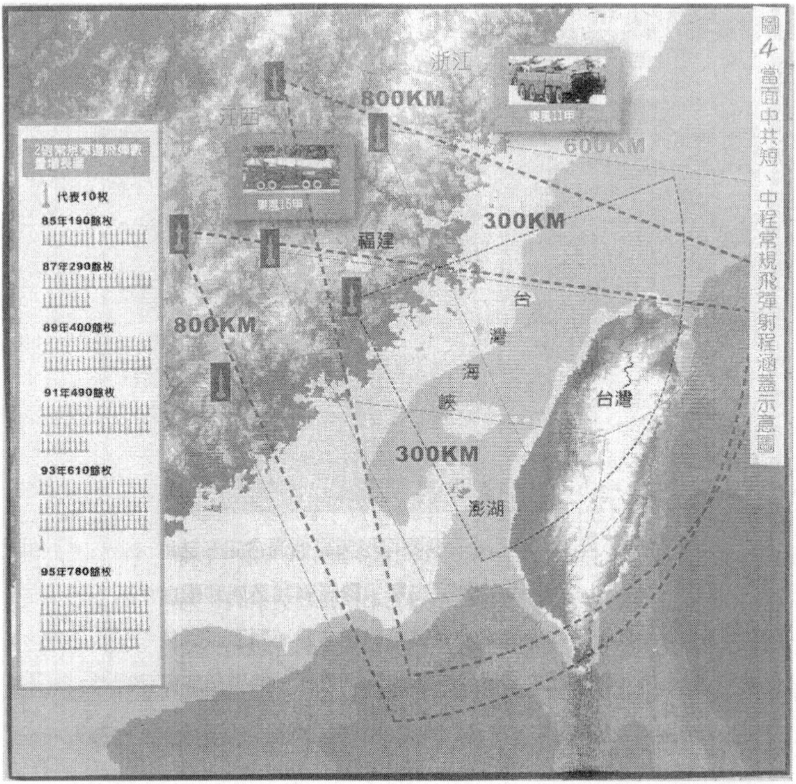

圖5 第一島鏈樞紐與台海穩定關鍵示意圖

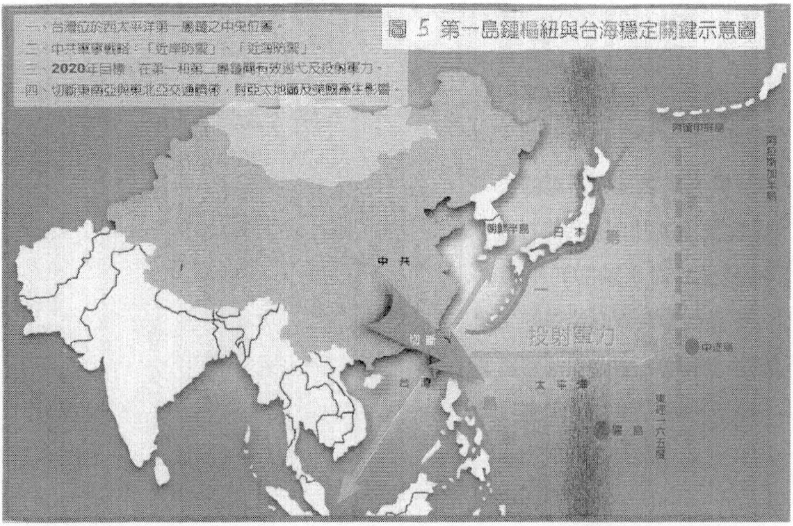

春秋正義

超越美國戰力，須知這是和中國的完整統一，防止任何分離主義（含台獨）有直接關係。

依據中華民國九十五年國防報告書，中共的國防軍事建設可從下列三圖看出概略：從以上三個圖可以清楚看出中國目前軍事建設的方向，假設相同的波斯灣戰爭爆發，換成現在的中國要去用兵，戰力明顯是不足的。

圖3是中共陸基核武打擊範圍示意圖。共軍新型彈道飛彈已整合先進之衛星導引系統，大幅提升打擊精準度，射程上構成短、中、長程、洲際飛彈的完備體系，內陸地區部署戰略飛彈一九〇枚（二〇〇六年底資料），其中有二十餘枚洲際飛彈射程涵蓋美國本土。

圖4爲當面中共短、中程常規飛彈射程涵蓋示意圖。近年來在當面組建新型導彈旅並陸續部署短、中程常規（戰術）彈道飛彈，含東風11甲、15甲等型，可涵蓋台灣地區，到二〇〇六年底約七八〇枚。其海空軍戰力已能有效掌控台海地區，對台威懾程度早已不可懷疑，否則台獨執政已快八年，早已宣佈台獨，何須今日仍在偷偷摸摸，偷樑換柱？國家要統一，維持強大軍力是必要的。

圖5是中共以二〇二〇年爲目標，第一、二島鏈軍力投射的建設，由此途徑穩定

台海地區關鍵示意圖。此一目標的達成，表示可以有效阻斷日本南緣海上戰略前緣，突破美國西太平洋的戰略前緣，對中國和平統一有直接的幫助（可完全排除美日勢力的干擾）。

從以上三個圖看，中國距離可以制衡美國，甚至主盟國際，其實還很「遙遠」，最少是五十年後的事。假設現在波斯灣大戰又起，要中國派五十萬大軍在半年內到戰區，這可要怎麼辦？西方各國老在質疑中國建軍是無厘頭的。中國應以更積極的態度，投注國家基礎建設和軍力發展。理頭建設，勿管他國，「頭不要太早伸出來」。

第一次波斯灣戰爭在戰史上最重大的意義，是戰爭型態進入「第三波」（第一波戰爭指農業時代的戰爭，約有一萬年歷程；第二波是工業時代，第三波是本次戰役後的資訊時代，筆者把「九一一恐怖攻擊」定位成第四波戰爭，因爲突破現有各式戰爭型態，重開新「典範」），而最能代表第三波戰爭的軍事科技，是奈米科技（Nanotechnology）的首次運用，各國眼睛爲之一亮，中國也受到很震憾。

一九九一年的波灣戰爭，美軍首次使用 F117A 隱形戰機，其機身上包覆一層奈米材料，使飛機對雷達波有吸收和散射能力，當代現有雷達和紅外線探測器都無法測知飛機的存在。歷時四十二天的波灣戰爭，F117A 隱形戰機執行任務一千餘架次，摧毀伊拉克九成以上軍事目標，本身無一架戰機受損，可見「奈米」的重要和厲害。

「奈」（Nano）是「小」的意思，奈米（Nanometer, nm）是一個長度單位，表示十億分之一公尺，約一至十幾個原子直徑之譜，是極小的空間尺度。不久的未來，可以奈米科技術把戰機、導彈製成和一隻蚊子或螞蟻一樣大小，甚至更小。所以，廿一世紀是奈米的世紀，誰掌握奈米科技，誰就是強權，誰就能掌控戰爭主導權。

中國在奈米科技的發展外界所知不多，但肯定落後美國。在波灣戰後，中國軍事科技受到強大震憾，乃投入極大人力物力進行軍事事務革命，以期能建設一支廿一世紀的先進武力。中國有了這樣的武力，不會用來侵略別國，而是主盟國際維持世界和平。

從波斯灣戰爭的教訓，于主張中國在成爲國際盟主時，也要有一流的軍事戰力，以用來維持國際正義。但中國和美國、英國、日本等這些曾經強大的帝國主義者有所不同，中國人維持正義的方法並不靠武力，甚至全靠武力維持整個社會的秩序，連自己人也會看不起。中國人所最愛看的武俠片，武林盟主通常武功最高，但維護武林正義卻是靠「人品和道德」；如果有那位武林盟主專用武力「侵略」，人品道德不佳，他的盟主寶座很快不保。

我有甚麼更充份的理由來說明未來中國人主盟國際事務，會和美國、英國大大不同。我想舉三個很充份的理由，嚴格說都是文化層面的差異。

第一、英美是進化論思想和資本主義發源地，這也是他們的人民信仰。這兩種東西所標謗的「自由、民主」，其實是血淋淋的叢林競爭，所標謗「市場法則」，其實是「整碗端去」的零和遊戲。因此，他們想用資本主義力量對伊斯蘭進行「和平演變」，和平手段不成，便用武力「吃」下來，他們不懂如何尊重伊斯蘭文明或其他不同的文化族群。英美資本主義國家，發動對回教世界的戰爭，唯一理由是控制石油。

第二、中國人懂得尊重伊斯蘭文明和各種不同的文明，回族正是組成中華民族「滿漢蒙回藏及其他」的重要成份之一，中華文化正是各種不同文化（儒佛道回）組成。而儒家是這些綜合文明的核心思想和主流，目前全球有很多「孔子學院」正在成立。儒家思想已被全球許多思想家公認，廿一世紀挽救文明衝突的良藥。

陸、結語

第一次波斯灣戰爭戰爭結束後，美國又發動「第二次海灣戰爭」，海珊被捕，經多年審判，海珊於二〇〇六年十二月三十日處絞刑而死。海珊擔任伊拉克總統期間的功過，自有未來伊斯蘭歷史爲他定位，但吾人以爲他最大的錯誤是一個地區「小角頭」，膽敢公然挑戰武林「盟主」，是很不智的。他若讀過吾國孫子兵法，便不會死得這麼慘。

換成美國這位當今的武林盟主，爲甚麼一再想要入侵伊拉克，不惜發動戰爭，尤其第二次攻伊是典型的帝國主義對弱小國家的侵略戰爭。其目的不外：

△控制中東石油。

△扶植親美政權。

△推銷美式民主制度和價值觀。

△對伊斯蘭世界進行和平演變。

△讓美國資本家可以控制中東經濟市場。

對中國應有甚麼教訓和啓示呢？當然是「埋頭建設、勿管他人」，美國在各地發動戰爭對中國而言，也是「削魏強齊」之良機。美國在十九世紀所遵循的國家發展原則「門羅主義」（Monroe Doctrine），造就了強大的美國，廿一世紀中國崛起，吾人已見「亞洲門羅主義」的影子。

註釋

①汪多志，「波斯灣戰爭之研析與啓示」，國防雜誌，第七卷第三期，八十年九月三日出版。另有比利時、澳洲、德國、意大利、蘇聯、阿根廷、希臘、葡萄牙、西班牙、丹麥、挪威、土耳其、波蘭等十三國，共派遣三二艘艦艇、六四架作戰飛機及十架其他飛機，因缺乏詳細資料，未計算入內。

②劉鎮島，「波斯灣戰爭後勤支援得失之探討」，國防雜誌，第七卷第一期，八十年七月七日出版。

③同②。

④劉懷傑，「波斯戰爭美軍之戰略後勤」，國防譯粹，第十九卷九期，八十一年九月一日。

第三篇　春秋思潮

△台灣實施都市平均地權之研究

△馬恩共產主義的策略性與人類前途

寫在「春秋思潮」前面

時代毫不留情的走到廿一世紀才第七個年頭，曾經被人們頌揚實踐的共產主義和三民主義，也曾經是許多人的流行象徵，如今被當成一雙「破鞋」，棄之不顧。

但是，我預測這兩種主義（此種內涵的東西），數十年後必重新流行。那時不叫「流行」，叫「需要」，人類因需要挽救地球的毀滅，不得不重新啓動這種制度。資本主義發展到最後是地球被無限制消費掉了，怎麼辦？控制吧！生產、消費、分配全都要管制了。

大陸胡錦濤主席近來談到，中國目前所行的是「新三民主義」，事實上三民主義便是社會主義，也就是共產主義初階段。

現在的「破鞋」，再五十年，必成「阿瘦」新鞋，或變造成「LV 包包」，不信嗎？人類最後不得不擁抱那種「救星」。

馬恩的預言到最後證明是對的。

臺灣實施都市平均地權之研究

緒　言

一、研究動機

平均地權是　國父實現民生主義的主要方法之一，而「民生主義，不但是最高的理想，並且是社會的原動力，是一切歷史活動的重心。民生主義能夠實行，社會問題方可以解決；社會問題能夠解決，人類才可以享很大的幸福。」①顯然，民生主義的成功，才是三民主義的完成。國父又說：「若能將平均地權做到，那麼社會革命已經成功七八分了。」②可見平均地權之能否徹底實施，才更是三民主義完成之關鍵。國父拿平均地權解決中國土地問題，又區分兩方面，一對農地使用耕者有其田的辦法，次對市地使用都市平均地權的方法。前者我國實施相當成功，且成爲世界各國學習對象；後者因農村資金流向都市，造成少數人投機壟斷土地，加以近代都市化速度太快，大型都市和都會區之形成，社會問題日愈複雜，臺灣地區於四十三年完成立法程序之「實施都市平均地權條例」，始成爲解決市地的良策，歷年來不斷修訂實施，至今市地重劃、區段徵收及平均地權對市地的各種解決辦法，仍在執行，並有新問題之發生，有大量學者專家投入研究。因此，「都市平均地權」乃成爲吾人研究對象，企圖平均地權能在臺灣實驗到完美境地，以做國家統一後爲各大小城市之模範。

二、主題界定

本文爲題「都市平均地權」，就是指的「都市土地」。按平均地權條例第三條，所稱都市土地，指依法發佈都市計劃範圍內之全部土地。③若依國父原意，平均地權制度指的「都市土地」，雖尚未依法發佈都市計劃者，或不論設市與未設市，如已有發生市地現象，就謂之「市地」；甚至尚未有市地現象發生，而有市地預兆也列入市地範圍；國父說：「可因將來交通之便利，於其集中繁盛之區，一一收土地爲國有。則將來市場發達，地租高漲，皆國家共有之利，可免爲少數地棍所把持。」④惟本文乃探討臺灣現行已實施之都市平均地權，故所謂「都市土地」，以依法發佈都市範圍內之全部土地。不論設市或未設市，其主要概念在「依法發佈」，又此一依法發佈之市地內有耕地、農林等，仍視同市地，因爲是市民生活範圍內息息相關之空間。

三、研究目的

都市平均地權雖已實施三十餘年，但到目前仍不斷在研究發展實施中，因爲這是世世代代不斷在做的工作。所以吾人探討之目的有二：第一，從過去數十年來的實施經驗中，找出缺失或研究爭議之處來改進，做臺灣未來實施都市平均地權的參考。第二，我國因國家尚未統一，到目前實施國父平均地權僅臺灣一地，待來日國家統一後，全國各地必然都要施行此一完善政策，臺灣可爲典範，是爲研究動機，亦爲研究目的。

四、研究架構

本文研究架構，除緒言、結論外，本論概分五節：第一節，標示出都市平均地權之理論基礎，包括思想淵源、憲法規定、市地政策。第二節，說明平均地權的辦法，從規定地價、照價征稅、照價收買、漲價歸公四項說明之。第三節，平均地權和土地征收之關係，及土地征收之過程。第四節，平均地權與市地重劃，及重劃過程和分配。

第五節，臺灣實施都市平均地權之成果，從平均地權四大方法及土地重劃等對國民經濟生活之影響，論述對國家建設之長遠影響。

五、研究方法

本文系屬規範性論文（Normative Paper），在研究上採用文獻研究法，取材力求客觀審慎，並參酌當代專家學人意見，以圖彰顯此項政策之優點和缺失。

六、限制因素

本文因時間、字數、個人能力多所限制，故僅論及「都市平均地權」，有關耕者有其田不予指涉。而市地範圍內之農、工用地概況雖屬都市平均地權範圍，也因前述限制因素，不加探討。筆者初試探究土地問題，故疏漏或謬誤之處在所難免，請專家不吝指正。

壹、實施都市平均地權之理論基礎

國父一生革命的目的，無非要建立一個富強康樂的中國，使人民永享幸福。要達到這個目的，須要徹底完成三件事情，正是國父所說的「不願少數滿洲人專利，故要民族革命。不願君主一人專利，故要政治革命。不願少數富專利，故要社會革命。」⑤是以國父革命是要打破天下之大不平，使政治、社會、經濟之利益爲全民所享。他又說：「蓋未經社會革命一層，人民不能全數安樂，……故社會革命最難。」是可以知道民生主義不能實施，民族、民權終將落空。而實行民生主義的方法，國父提出兩大原則：一爲節制資本，一爲平均地權。此兩者之間只要做到平均地權，則社會革命已成功了七八分。⑦可見平均地權的分量之重了。

一、平均地權思想之源流

國父對平均地權曾說過：「平均地權者，即井田之遺意也。井田之法，既板滯而不可復用，則惟有師其意而已。」又說：「中國古時最好的土地制度是井田制，井田制的道理，和平均地權的用意是一樣的。」⑧我國井田制度最早行之於春秋管仲，後東漢、宋代、清朝均曾不斷修訂實行。⑨平均地權不僅在我國有數千年的歷史，即在外國的土地改革中也有類似的土地政策，例如先進國家的美國、日本、英國、法國亦行之有年，且尚不斷改進研究中。⑩國父中山先生，思想博大精深，集古今中外加上自己獨到的見解，而創造平均地權。正當美國風行土地單一稅、英國的土地國有運動，德國的土地改革同盟，蘇俄的土地國有，澳洲採行地價稅等等，國父都生逢其時，並仔細觀察研究。可見平均地權實在是解決土地問題的一大法寶，才會有「若能將平均地權做到，那麼社會革命已完成七八分了。」⑪更可知道的，平均地權除了是融合古今中外土地學說外，也是順應世界潮流，這一把解開人類政治社會問題的鎖鑰，實値得吾人來窺其底蘊。

二、憲法中關於平均地權之規定

平均地權既然是國父偉大的發明，而我國憲法前言也明訂「依據孫中山先生創立中華民國之遺教，爲鞏固國權，保障民權，奠定社會安寧，增進人民福利，制定本憲法，頒行全國，永矢咸遵。」對國父偉大的發明，當然是有規範性的提出。第一百四十二條：「國民經濟以民生主義爲基本原則，實施平均地權，節制資本，以謀國計民生之均足。」足證平均地權是我國法定的土地制度，是爲合法之依據。至於土地是國有抑或私有？憲法第一百四十三條：「中華民國內之土地屬於國民全體。人民依法取得土地之所有權，應受法律之保障與限制。」可見國家對土地的利用有最高權力，國民只是「依法取得土地之所有權」，應受到「保障」和「限制」，不是「土地國有制」，也不是「土地私有制」。這就是平均地權的特色，充份表現「均權」的彈性。同條又說：「私有土地應照價納稅，政府並得照價收買。」「土地價值非因施以勞力資本而增加者，應由國家徵收土地增值稅，歸人民共享之。」此即將國父的照價納稅、照價收買、漲價歸公合法化。這一四三條中段則規定富源地應歸國有，以防止個人獨佔地利，操縱國計民生：「附著於土地之鑛，及經濟上可供利用之天然力，屬於國家所有。不因人民取得土地所有權而受影響。」憲法有這些規定，則國父「地盡其利」和「均富」的民生社會理想終有實現之日。

三、都市平均地權之提出及臺灣實施都市平均地權之迫切須要：

大凡一種制度之提出應有其時代背景，此處先論都市平均地權之提出。若將國父的平均地權分區執行，則可分兩部份：一是農地改革，一是都市土地改革。兩者若有一項未能徹底完成，就是平均地權未竟全功，就是民生主義未能完成，亦就是三民主義的遺憾。是故農地改革後，接著有市地改革，這是都市平均地權的主觀因素。另有其客觀因素，也就是近代都市形成後帶來的弊害，一般學者謂人口增加帶來複雜的社會問題，地價急增造成個人壟斷操縱和不勞而獲、坐享暴利，敗壞人心等，再者土地私有嚴重阻礙都市計劃之完成。凡此種種，當國父在世之日已見西洋各國城市接踵發生，而中國已有預兆要步泰西後塵。只可惜民國建立後三十餘年之內，中國幾處於戰亂。直到政府遷臺，爲重建中國，一面實施耕者有其田，再續之都市平均地權。今以臺灣爲例，從客觀因素說明實施都市平均地權之迫切須要：

㈠市地地價趨漲（以台北市爲例）：由下表一——表四可知自一八九六年至一九五三年的五十七年之間，台北市高價位地價上漲兩千倍（城內地區），其一般上漲又在一百四十倍。詳參下表：⑫

表一　日據時代前期臺北市建地價格表

單位：坪（元／日）

地區別＼等別＼年份		明治 30 年（1896）	明治 35 年（1901）	明治 40 年（1906）	民治 45 年 大正元年（1911）
艋舺	最高	5.00	7.00	10.00	50.00
	最低	0.20	0.40	0.60	1.20
	一般	2.00	3.00	4.50	17.50
大埕稻	最高	8.00	10.00	15.00	70.00
	最低	0.20	0.40	0.60	1.20
	一般	2.00	3.00	4.50	17.50
城內	最高	7.00	10.00	20.00	100.00
	最低	1.00	2.00	4.00	26.00
	一般	2.50	5.00	10.00	50.00

資料來源：臺灣總督府財務局臺灣地租等則修正事業成績報告書第四冊三二七頁及 761 頁。

表二　日據時代中期臺北市建地價格表

單位：坪（元／日）

地區別＼等別＼年份		大正 9 年*（1920）	昭和 14 年**（1939）
艋舺	最高	50.00	83.30
	最低	1.20	15.20
	一般	21.01	28.70
大埕稻	最高	70.00	83.00
	最低	1.20	22.30
	一般	18.59	36.00
城內	最高	111.99	252.50
	最低	23.00	12.00
	一般	55.78	71.60

資料來源：*臺灣宅地租調查成績報告書。
附屬表二冊內壹 p.491．
**臺北市政府二十年史昭和十五年發行（昭和十四年一月調查）p172．
註：本表係根據以上資料整理製成。

表三　日據時代後期臺北市建地價格表

單位：坪（元／日）

地區別	等別	年份：昭和 18 年（1943）
艋舺	最高	389.00
	最低	19.40
	一般	90.50
大埕稻	最高	616.10
	最低	31.00
	一般	173.20
城內	最高	1,034.80
	最低	50.80
	一般	414.60

資料來源：地租調查事業成績報告書三册，內三p1～35 此書係於民國 35 年由臺灣省民政廳地政局印行。

註：此表係根據上項資料整理製成。

表四　臺北市歷年來地價表

單位：坪（新臺幣元／當年幣值表示）

年	最高	最低	一般
38.6	700（衡陽路及博愛路）	1（基隆路東側住宅區）	10
39	1,800（衡陽路及博愛路）	4（基隆路東側住宅區）	25
40	3,500（衡陽路及博愛路）	8（基隆路東側住宅區）	50
41	4,500（衡陽路及博愛路）	12（基隆路東側住宅區）	130
42	6,200（衡陽路及博愛路）	20（基隆路東側住宅區及東園住宅區）	260
43	15,000（衡陽路及博愛路）	30（基隆路東側住宅區及東園住宅區）	350
44	20,000（衡陽路及博愛路）	45（東園及大直住宅區）	450
45	25,000（衡陽路及博愛路）	58（大直住宅區）	600
46	40,000（衡陽路及博愛路）	80（大直住宅區）	980
47	52,000（成都路及西寧南路）	140（大直住宅區）	1,600
48	70,000（成都路及西寧南路）	220（大直住宅區）	2,500
49	70,000（成都路及西寧南路）	200（大直住宅區）	2,500
50	65,000（成都路及西寧南路）	180（大直住宅區）	2,500
51	70,000（成都路及西寧南路）	220（大直住宅區）	2,600
52	72,000（成都路及西寧南路）	250（大直住宅區）	2,700
53	75,000（成都路及西寧南路）	300（大直住宅區）	2,800

資料來源：調查得自臺北市土地買賣經紀人。

註：根據 21 條路及 18 個地價區之地價資料製成。

（以上表一～四轉引來璋著「台北市地價問題研究」商務印書館，71.6 三版，頁四～七，頁四七）

㈡市區人口暴漲，據學者來璋先生研究，臺北市人口在一八九六年爲四萬六千七百一十人，一九〇四年爲八萬五千八百九十人，一九一六年約過十萬。⑬民國三十五年，扣除遣返之日本人爲二十七萬一千七百五十四人。⑭至民國三十八年政府遷臺，臺灣各大都市人口激增，由表可知當時五大都市人口，臺北市已有四十八餘萬。⑮

表五　臺灣省五省轄市歷年人口表

年別 \ 人口 \ 市別	臺北市	基隆市	臺中市	臺南市	高雄市	合計
三十六年	三二六、六四六	九九、四六八	一四七、三四五	一七六、三三八	一七〇、七七九	九二〇、五七六
三十七年	三七九、四〇〇	一一二、一二九	一六〇、〇二九	一八八、六二七	一九二、二七四	一、〇三二、四五九
三十八年	四八三、九四五	一三九、八一一	一九二、八八九	二一九、四七五	二四七、四八七	一、二八三、六〇七
三十九年	五〇三、〇八六	一四五、四〇五	一九九、五一九	二二一、〇八八	二六七、五一五	一、三三六、六一三
四十年	五六二、二六一	一五一、四二五	二〇四、五四〇	二三一、三九三	二八五、七四二	一、四三九、三六一
四十一年	五八四、六二四	一六三、〇一一	二一七、二一九	二三九、九六八	二九八、五一二	一、四九八、八五四
四十二年	六二八、五四七	—	—	—	—	—
四十三年	—	—	—	—	—	—
四十四年	—	—	—	—	—	—

資料來源：王孟周、楊與齡合著「中國都市土地改革」，中央文物供應社，45.12，頁247。

㈢土地移轉日多：都市土地所有權移轉增加，顯示土地須要增加及投機壟斷日增。

從下表大可知此種情況之日趨重。

表六　臺灣省五省轄市土地所有權移轉變更登記統計表

單位：件

市＼件數＼年度	三十八年	三十九年	四十年	四十一年	四十二年	四十三年	四十四年
臺北市	三、九五八	二、八四八	四、一六八	七、八〇九	五、二八一	五、六七〇	—
基隆市	二一五	二〇三	一、一二八	五一五	五八一	七四八	—
臺中市	八六七	一、四三〇	二、八二〇	二、三七四	二、四九六	—	—
臺南市	一、三八四	一、三一九	二、八六七	一、八五〇	二、一一二	一、九一三	—
高雄市	一、四四七	二、三九一	三、二八八	二、七〇六	六、〇七五	—	—

資料來源：同表五

都市因人口和地價急增的相互推移，漫延許多複雜問題，例如房荒、房價、房租、違章建築、土地投機、地未盡利、市政不易推動等，就從臺北市來看，吾人以爲都市平均地權不但當時急迫，未來仍將不斷實施。從政治層面來看，臺灣不論民國四十年前後或現在，都是國家重要窗口，爲未來全中國實施三民主義的模範省，先行實施都市土地改革，亦有絕對之必要。

解決市地和農地的辦法完全不同，農地宜耕者所有，市地則宜公有。蓋市地和農地性質不同：農地重面積，以生產多寡定其價值，就使用上僅用其表面，尤賴農人之耕力，固主張「耕者有其田」。市地則複雜得多，除經濟利益外，其與國民精神、健康、文化、市政建設都有密切關係，如公園、學校、醫院等公共建設；市區常是全國或區域之交通、政教中心，如捷運系統、摩天大樓、國際機場等莫不須要大量土地；再者，市地收歸國有，則政府將永無財政困難。國父說：「如城市之土地，交通之要點等，與夫一切壟斷性質之事業，悉當歸國家經營，以所獲利益歸之國家公用。」⑯市地公有後，只須用極低的資金向政府租用所須土地，而不必投下大量購地資金，將絕大部份資金轉投工商發展。所以市地公有是公私兩利的。以美國爲例，其十六大都市之市地面積，市政府之公有用地（如街道），均佔五分之一至三分之一。

按市地公有的原理確立後，乃成爲一項政策，且經立法執行。「平均地權條例」所規定之土地重劃，區段徵收，及其施行細則有關規定；「區域計劃法」及其施行細則；「國民住宅條例」之土地獲得，均已表現市地公有之精神。

貳、臺灣都市平均地權之實施辦法

對都市的市地改革，平均地權有四個很好的辦法，即規定地價、照價徵收、照價收買、漲價歸公。⑰分別論述於後：

一、規定地價：

地價的高低，按國父原意認爲由地主自行呈報。他說：「究竟地價是照甚麼樣定法呢？依我的主張，地價應該由地主自己去定。」又說：「許多人以爲地價由地主任意報告，他們以多報少，政府豈不是要吃虧嗎？……所以照我的辦法，地主如果以多報少，他一定怕政府要照價收買……地主即是報折中的市價，那麼政府一定是兩不吃虧。」⑱故「平均地權條例」在規定地價方面採行此項原則，但由主管機關先行查報地價，做土地所有權人申報之參考，並做上下限額之界定，是對國父遺教略做技術上之補充。本條例第十五條，規定直轄市及縣市主管機關辦理規定地價或重新規定地價，其程序：

㈠分別區段、地目，調查最近一年之土地市價或收益價格。
㈡依據調查結果劃分地價等級及地價區段，並提交地價評議委員會評議。
㈢將評定結果分區公告。
㈣公告申報地價之期限，不得少於三十日。
㈤依據申報地價，編造地價册及總歸戶册。⑲

按本條例第四條所稱之「地價評議委員會」，指直轄市及縣（市）主管機關依規定組織之地價評議委員會，而由地方民意代表及公正人士參加。

另按「土地法」有關地價的規定稍有不同。⑳本法地價調查方法規定在一百五十條：「地價調查應抽查最近兩年內土地市價或收益價格，以爲查標準市價之依據，其抽查宗數，得視地目繁簡地價差異爲之。」市價調查公告後，人民得參酌依限申報。「平均地權條例」第十六條規定：「土地所有權人申報之地價超過公告地價百分之一百二十時，以公告地價之百分之一百二十爲其申報地價；申報地價未滿公告地價百分之八十時，除照價收買者外，以公告地價百分之八十爲其申報地價；未於公告地價內申報地價者，應以公告地價爲其申報地價。」

就以上之規定，國父雖未言明查報地價及重新規定地價事宜，但爲謀地利歸，以達平均社會財富之目的，則是將國父偉大思想技術化，使平均地權更能方便實施。

二、照價徵稅：

此乃按照土地所有權人申報之地價來徵收地價稅之意，旨在收取土地的自然收益（即素地地租），為直接稅之一種，同時按累進課稅，擁地愈佳愈多者，其地價也愈多，納稅愈重，故地價稅制實為自然調劑土地分配之辦法，可使資本家不能實行兼併、壟斷土地。平均地權條例和土地法所規定之地價稍有不同：

㈠土地法所規定之地價稅：

按土地法第一六七條規定：「地價稅照法定地價，按年徵收一次，必要時得分兩期實施。」㉑所謂「法定地價」，指「土地所有權人依本法所申報之地價，為法定地價。」（土地法第一四八條）地價稅則照法定地價按累進稅率徵收之（本法第一六八條），其基本稅率為法定地價額數千分之十五（本法一六九條）。土地所有權人之地價總額，未超過累進起點地價時，則按基本稅率徵收，超過時則按下列方法課稅（本法一七〇條）：

㈠超過累進起點地價在百分之五百以下者，其超過部份加徵千分之二。

㈡超過累進起點地價百分之一千以下者，除按前款規定徵收外，就其已超過百分之五百部份加徵千分之三。

㈢超過累進起點地價百分之一千五百以下者，除按前款規定徵收外，就其已超過百分之一千部份加徵千分之五，以後每超過百分之五百，就其超過部份遞加千分之五，以加至千分之五十爲止。

以上的累進稅率共可分十二等級，爲便明晰起見，將累進級次、級距、每級增加率、稅率等詳列如下表七：

累進級次	級距	每級增加率	稅率
第一級	地價總額未超過累進起點地價之數額		一五‰
第二級	超過累進起點地價而未超過五倍之數額	二‰	一七‰
第三級	超過累進起點地價五倍而未超過十倍之數額	三‰	二〇‰
第四級	超過累進起點地價十倍而未超過十五倍之數額	五‰	二五‰
第五級	超過累進起點地價十五倍而未超過二十倍之數額	五‰	三〇‰
第六級	超過累進起點地價二十倍而未超過二十五倍之數額	五‰	三五‰
第七級	超過累進起點地價二十五倍而未超過三十倍之數額	五‰	四〇‰
第八級	超過累進起點地價三十倍而未超過三十五倍之數額	五‰	四五‰
第九級	超過累進起點地價三十五倍而未超過四十倍之數額	五‰	五〇‰
第十級	超過累進起點地價四十倍而未超過四十五倍之數額	五‰	五五‰
第十一級	超過累進起點地價四十五倍而未超過五十倍之數額	五‰	六〇‰
第十二級	超過累進起點地價五十倍之數額	五‰	六五‰

此外，不在地主之土地、空地、荒地均加徵課稅，以迫使土地能充份加以利用。

㈡平均地權條例所規定之地價稅：

本條例自民國四十三年八月廿六日總統令公布施行後，再歷四十七年、五十三年、五十七年、六十一年、六十六年等五次修訂，六十九年再修訂第四十一條。按本條例第十八條：「地價稅採累進稅率，以各該直轄市及縣（市）土地七公畝之平均地價為累進起點地價。但不包括工廠用地、農業用地及免稅土地在內。」在「平均地權條例實施細則」㉒中對地價稅率有更詳細的兩種公式：

公式㈠：㉓

$$\text{地價稅累進起點地價}=\frac{\text{直轄市或縣（市）規定地價總額－（農業及工廠用地地價＋免稅地價）}}{\text{直轄市或縣（市）規定地價總面積（公畝）－（農業及工廠用地地價＋免稅地面積（公畝））}}\times 7$$

公式㈡：㉔

表八

稅級別	計算公式
第一級	應徵稅額＝課稅地價（未超過累進起點地價時）×稅率（15‰）
第二級	應徵稅額＝課稅地價（未超過累進起點地價未達百分之五百時）×稅率（20‰）－累進差額（累進起點地價×0.005）
第三級	應徵稅額＝課稅地價（超過累進起點地價在百分之一千以下時）×稅率（30‰）－累進差額（累進起點地價×0.065）
第四級	應徵稅額＝課稅地價（超過累進起點地價在百分之一千五百以下時）×稅率（40‰）－累進差額（累進起點地價×0.175）
第五級	應徵稅額＝課稅地價（超過累進起點地價在百分之二千以下時）×稅率（50‰）－累進差額（累進起點地價×0.335）
第六級	應徵稅額＝課稅地價（超過累進起點地價在百分之二千五百以下時）×稅率（60‰）－累進差額（累進起點地價×0.545）
第七級	應徵稅額＝課稅地價（超過累進起點地價在百分之二千五百以上時）×稅率（70‰）－累進差額（累進起點地價×0.805）

資料來源：陶百川，六法全書，三民書局，七十三年四月，頁八〇二。

由前面兩種法規看，地價稅採累進方式相同，惟累進地點地價及稅率不同。按「平均地權條例」，超過累進起點地價時，課稅方式如下：

㈠超過累進起點地價未達百分之五百者，其超過部份加徵千分之五。

㈡超過累進起點地價百分之五百以上者，除按前款徵收外，就其超過百分之五百部份，以每超過百分之五百為一距，每一級距內，各就其超過部份，逐級加徵千分之十，以加至最高稅率千分之七十止。由於歷年修訂之累進稅率有所不同，故將歷次修訂表列如下，五十七年修訂條例第十八條所訂稅率及稅距與五十三年修正條例相同，未列下表：

累進級次	四十三年原條例		四十七年修正條例		五十三年修正條例		六十六年修正條例	
	級距	稅率	級距	稅率	級距	稅率	級距	稅率
第一級	地價總額未超過累進起點地價之數額	15‰	地價總額未超過累進起點地價之數額	7‰	上同	15‰	上同	15‰
第二級	地價總額超過累進起點地價而未超過四倍之數額	20‰	地價總額超過累進起點地價而未超過五倍之數額	12‰	上同	20‰	上同	20‰
第三級	地價總額超過累進起點地價四倍而未超過八倍之數額	25‰	地價總額超過累進起點地價五倍而未超過十倍之數額	22‰	上同	30‰	上同	30‰
第四級	地價總額超過累進起點地價八倍而未超過十二倍之數額	30‰	地價總額超過累進起點地價十倍而未超過十五倍之數額	32‰	上同	40‰	上同	40‰

第五級	地價總額超過累進起點地價十二倍而未超過十六倍之數額	35‰	地價總額超過累進起點地價十五倍而未超過二十倍之數額	42‰	上同	50‰	上同	50‰
第六級	地價總額超過累進起點地價十六倍而未超過二十倍之數額	40‰	地價總額超過累進起點地價二十倍而未超過二十五倍之數額	52‰	上同	60‰	上同	60‰
第七級	地價總額超過累進起點地價二十倍而未超過二十四倍之數額	45‰	地價總額超過累進起點地價二十五倍之數額	62‰	上同	70‰	上同	70‰
第八級	地價總額超過累進起點地價二十四倍而未超過二十八倍之數額	50‰						
第九級	地價總額超過累進起點地價二十八倍而未超過三十二倍之數額	55‰						
第十級	地價總額超過累進起點地價三十二倍而未超過三十六倍之數額	60‰						
第十一級	地價總額超過累進起點地價三十六倍之數額	65‰						

附註：五十七年修正條例第十八條所定稅率及級距與五十三年修正條例相同故未列入右表。

按民國六十六年公佈之「平均地權條例」，尚有數種土地課徵不同比率之地價稅。

㈠自用住宅用地地價稅，合於「都市土地面積未超過三公畝部份」及「非都市土地面積未超過七公畝部份」的兩個條件，其地價稅按千分之五計徵。政府興建之國民住宅，自動工興建或取得土地所有權之日起，其用地之地價稅適用前項稅率計徵。

㈡工業用地地價稅，按千分之十五計徵，但未按規定使用核定者不適用。在依法劃定之工業區或工業用地公告前，已在非工業區或工業用地設立之工廠，經政府核准有案者，其直接供工廠使用之土地，準用前項之規定。

㈢都市內土地而做農業用，使用期間是徵收田賦：

1. 都市工地依都市計劃編爲農業區及保護區，限做農業用地者。
2. 都市土地在公共設施尚未完竣前，仍做農業用地使用者。
3. 都市土地依法限制建築，仍做農業用地使用者。
4. 都市土地依法不能建築，仍做農業用地使用者。
5. 都市土地依都市計劃編爲公共設施保留地，仍作農業使用者。㉕

三、照價收買：

依國父遺教，地價由地主自報，政府照價徵稅，而「照價收買」則是第三個法寶，就廣義而言，是國家爲保持土地之自由，行使對土地之最高支配權，以調劑分配，促進地利，並防止私人壟斷投機，而強制依照規定地價（即申報地價）收買私人土地。以下按收買原因、收買程序、收買標的等項說明之。

㈠照價收買之原因

按平均地權條例第二十七條所述，有左列原因之私有土地，得照價收買：

①申報地價低於公告地價百分之八十者。

②申報移轉現值低於當期公告土地現值者。

③超額建築用地，經依法限期使用，期滿尚未依法使用者。

④編爲建築用地之出租耕地，經終止租約收回滿一年尚未建築使用者。

⑤空地經限期使用，逾期仍未建築使用者。

就廣義而言，照價收買應有更積極之原因。例如平均地權四個辦法的連貫性，照價收買不確實，亦難望漲價歸公能徹底執行的好：或如「土地法」第二〇八條所述，國家因國防、公共事業等須要，亦得照價收買或徵收。

㈡照價收買之程序：

在程序上，平均地權條例第二十八條有如下規定：

㈠主管機關應將照價收買之土地先公告，並以書面通知土地所有權人及土地移轉之權利或他項權利人。

㈡受通知人應於通知送達之翌日起三十日內繳交土地所有權狀、土地他項權利證明書及有關證件；逾期不繳交者，宣告其書狀，證件無效。

㈢主管機關對繳交之書狀、證件審核無訛，或依前款規定宣告其書狀，證件無效後，應於三十日內給付地價及他項權利補償費；逾期不領取者，依法提存。

㈢照價收買之標的：

照價收買的標的有土地、地上建築物、地上農作物、土地改良等，均須列入收買項目。㉕

㈠地價計算依本條例第三十一條計算之：

1. 依第二十七條第一款規定收買者，以其申報地價爲準。

2. 依第二十七條第二款規定收買者，以其申報土地移轉現值爲準。

3.依第二十七條第三至五款規定收買者，以收買當期之公告土地現值爲準。所謂「地價」，有其範圍，同條例第三十二條：「照價收買之土地，如土地所有權人有改良土地情事，其改良土地之費用及已繳納之工程受益費，經該主管機關驗證登記者，應併入地價內計算之。」

㈡同條例第三十三條，規定農作改良物之補償，農作改良物價額之估定，如其孳息成熟時間在收買後一年以內者，應按其成熟時之孳息估定之；其在一年以上者，應依其種植費用，並參酌現值估定之。依法徵收之土地，準用前二項之規定。

㈢同條例第三十四條，規定土地上建築物之收買，但僅限地上建築物同屬土地所有權人，如其不同屬，不在此限。此種地上物額價之估定，由該管直轄市或縣（市）政府查估後提交地價評議委員會定之。

關於地價發給，則現金和土地債卷配合運用。㉖

四、漲價歸公

漲價歸公是國父解決市地問題的第四個法寶，按現行「土地法」和「平均地權條例」所規定的辦法，都是使用土地增值稅。但漲價歸公和土地增值稅在概念上並不盡相同，前者認爲土地之自然增值，非私人之力所爲，而是社會進步和衆人之力造成，是謂不勞而獲之利，應予歸公，就是國父所說：「從定價那年以後，那塊地皮的價格，再行漲高，各國都要另外加稅。但是我們的辦法，就要以後所加之價完全歸爲公有。」㉗可見漲價歸公之意，乃土地所有權人於申報地價後，土地所漲之價全歸公家所有。後者土地增值稅則認爲增值部份乃私人所有，而將某一部份歸公。以上兩者基本觀念已稍有不同，按我國土地改革係採漸進和緩方式，故在現行土地法，平均地權及其施行細則、土地稅法及其施行細則、土地稅減免規則等處，均未將土地增值全歸公，而是徵收一部份，分述如後：

㈠土地法所規定之土地增值稅：

㈠課徵對象有兩條規定：第一百八十二條謂「土地所有權之移轉爲絕賣者，其增值稅向出賣人徵收之，如爲繼承或贈與者，其增值稅向繼承人或受贈人徵收之。」第一百八十三條規定：「規定地價後十年屆滿，或實施工程地區五年屆滿，而無移轉之土地，其增值稅向土地所有人徵收之。」若土地設有典權者，其增值稅得向典權人徵收之。但於土地贖回時，出典人應無息償還。

㈡土地增值稅之稅率按一百八十一條：

1.土地增值實數額在原地價百分之一百以下者，徵收者其增值實數額百分之二十。

2.土地增值實數額在原地價百分之二百以下者，除按前款徵收外，就其已超過百分之一百的部份，徵收百分之四十。

3.土地增值實數額在原地價百分之三百以下者，除按前兩款規定分別徵收外，就其已超過百分之二百部份徵收百分之六十。

4.土地增值實數額在原地價百分之三百者，除按前三款規定分別徵收外，就其超過部份徵收百分之八十。

由前面土地增值稅率看，可見目前土地漲價並未完全歸公，乃一方面表現我國土地改革之「和平、漸進、緩和」，另一方面以示對土地所有權人之體恤。

㈡平均地權條例所規定之土地增值稅：

五十七年修正公佈之「實施都市平均地權條例」所規定土地增值稅已和土地法不同，六十二年修正公佈之「平均地權條例」規定為實施漲價歸公，土地所有權人申報地價後之土地自然漲價，應徵收土地增值稅。在前述「土地法」中，土地移轉、繼承、贈與等均須徵收土地增值稅，但在本條例中，特別規定因繼承而移轉者，不徵土地增值稅。本條例所規定之稅率如下：

㈠土地漲價總數額超過原規定地價或前次移轉時申報之現值數額未達百分之一百者，就其漲價總數額徵收增值稅百分之四十。

㈡土地漲價總數額超過原規定地價或前次移轉時申報之現值數額在百分之一百以上，未達百分之二百者，除按前款規定辦理外，其超過部份，徵收增值稅百分之五十。

㈢土地漲價總數額超過原規定地價或前次移轉時申報之現值數額在百分之二百以上，除按前兩款規定分別辦理外，其超過部份，徵收增值稅百分之八十。

這項稅率是六十六年修訂時所定，爲明析比較將歷年修訂之稅率列表於後：

表十：

累進級數	四十三年原條例		五十三年修正條例		五十七年修正條例		六十六年二月修正公布之平均地權條例	
	級距	稅率	級距	稅率	級距	稅率	級距	稅率
第一級	土地漲價總數額在原申報地價一倍以下之數額	30‰	土地漲價總數額超過原規定地價或前次移轉時申報現值未達一倍之數額	20‰	同上	20‰	同上	40‰
第二級	超過原申報地價一倍而未超過二倍以下之數額	50‰	超過原規定地價或前次移轉時申報現值一倍而未達二倍之數額	40‰	同上	40‰	同上	50‰

第三級	超過原申報地價二倍而未超過三倍以之數額	70‰	超過原規定地價或前次移轉時申報現值二倍而未達三倍之數額	60‰	同上	60‰	同上	60‰
第四級	超過原申報地價三倍而未超過四倍以之數額	90‰	超過原規定地價或前次移轉時申報現值三倍而未達四倍之數額	80‰	超過原規定地價或前次移轉時申報現值三倍之數額	80‰		
第五級	超過原申報地價四倍之數額	1	超過原規定地價或前次移轉時申報現值四倍之數額	1				

本條例對土地增值稅另有特別規定加增或減輕、退還等項目，分述如下：

㈠第四十一條規定：「土地所有權人出售其自用住宅用地之面積，都市土地面積未超過三公畝或非都市土地面積未超過七公畝者，其土地增值稅統按土地漲價總數額百分之十徵收之；超過三公畝或七公畝者，其超過部份之土地漲價數額，依前條規定之稅率徵收之（四十條）。」

㈡第四十二條規定重劃土地增值稅之減徵：「被徵收之土地，其土地增值稅一律減增百分之四十，但在中華民國六十二年九月六日都市計劃法修正公佈前，經編訂爲公共設施保留地，並已規定地價，且在該次都市計劃法修正公佈後未曾移轉者，其土地增值稅減徵百分之七十。重劃後第一次移轉時，其土地增值稅減徵百分之二十。」

㈢荒地、空地之土地增值稅，購買荒地或空地，未經改良利用或建築使用而出售者，就其應納土地增值稅稅額加徵百分之十；若經改良而移轉，減徵百分之二十（本條例四十三條）。

土地自然漲價總數額在「平均地權條例施行細則」有規定其計算方式如左：（五十五條）

土地自然漲價總數額＝

申報土地移轉現值－原規定地價或前次移轉時所申報之土地移轉現值

$\times \frac{\text{物價指數}}{100}$－（改良工地費用＋工程受益費＋土地重劃負擔總費用）

土地增值稅應徵稅額按下表計算之：（施行細則第五十六條）

表十一

稅級別	計算公式
第一級	應徵稅額＝土地漲價總數額〔超過原規定地價或前次移轉時申報現值（按物價指數調整後）未達百分之一百〕×稅率（40％）
第二級	應徵稅額＝土地漲價總數額〔超過原規定地價或前次移轉時申報現值（按物價指數調整後）未達百分之二百以下〕×稅率（50％）－累進差額（由物價指數調整後之原規定地價或前次移轉現值×0.10）
第三級	應徵稅額＝土地漲價總數額〔超過原規定地價或前次移轉時申報現值（按物價指數調整後）未達百分之二百以上〕×稅率（60％）－累進差額（由物價指數調整後之原規定地價或前次移轉現值×0.30）

資料來源：同表八，頁104～105。

土地增值稅另在「土地稅法」㉙有規定，惟其稅率和徵收土地之減徵與「平均地權條例」相同；「土地稅法施行細則」㉚所規定之土地漲價總數額及應徵稅額計算法，則平均地權條例施行細則相同。依平均地權條例第三十六條規定，可以增繳地價稅，抵繳土地增值稅，故六十六年五月二十六日行政院修正公布「增繳地價稅抵繳土地增值稅辦法」㉛按本條例第五十一條規定，土地增值稅用途如下：育幼、養老、救災、濟貧、衛生等公共福利事業，興建國民住宅、市區道路，上下水道等公共設施及國民教育之用。

以上將實施平均地權之方法，從規定地價、照價徵收、照價收買、漲價公歸分別論述。由此可見國父平均地權的時代性，雖過數十年，至今仍爲解決世界上土地問題的好方法。

參、平均地權與土地徵收

所謂「土地徵收」（Lard Expropriation），指國家基於其對私有土地所保留的最高支配權（Eminent Domain）之行使，而依法強制取得私人土地所有權，並給予合理補償之公法行爲。㉜此種徵收因與國家建設、社會發展、人民權益等關係重大，故各國憲法，如美國聯邦憲法，法國人權宣言均有明文規定。我國關於土地徵收在寫法第一〇八條第一項第十四款將「公用徵收」列爲中央立法並執行，或交由省縣執行，在「土地法」、「平均地權條例」中更有規範性規定，以下分項說明之：

一、土地徵收之目的及其法源

從現行土地法第二〇八、二〇九兩條來看，土地徵收應有兩個目的，一爲興辦公共事業，如國防設備、交通事業、公用事業、水利事業、公共衛生、政府機關、地方自治機關及其他公共建築，教育學術及慈善事業，國營事業，其他由政府興辦以公共利益爲目的；一爲實施國家經濟政策，所謂「國家經濟政策」，乃依憲法而來，否則漫無邊際。憲法第一四二條：「國民經濟以民生主義爲基本原則。實施平均地權，節制資本，以謀國計民生之均足。」從這兩個目的看，我國的土地徵收規定於下列法律中：

㈠土地法所規定者有：第九十二條新設都市之徵收，第二〇八、二〇九所須項目之徵收，二二二條之區段徵收，二二三條之保留徵收。

㈡平均地權條例所規定之土地徵收：第五十三條爲發展新城鎮社區。

㈢都市計劃法所規定者：第四十八條所規定之公共事業用地，第六十八條爲都市計劃更新。㉝

㈣其他「獎勵投資條例」第五十五條爲開發工業區㉞，「水利法」第八十二條和八十三條爲水道治理或防洪㉟，「電信法」第二十一條爲電信建設所須土地㊱，「民用航空法」第三十三條有關航空所須土地㊲，「國民住宅條例」第九條、第十條之區段徵收㊳。

二、土地徵收之分類：

國家因公共建設和經濟政策之須要，常因須要性質之不同，徵收種類亦有不同：

㈠一般徵收：指一般公共事業或爲實施國家經濟之徵收，如土地法第二〇八、二〇九條規定者。按第二〇九條標目「法定徵收」，可見一般徵收又叫法定徵收，又有學者稱之「一次徵收」㊴，不論名詞爲何，均須合於法定要件始能徵收。

㈡區段徵收（**Zone Expropriation**），謂將一整個地區內之土地全部徵收，重新分劃整理後再行支配運用，亦稱地帶徵收。㊵「土地法」第二一二條規定實施國家經濟政策、新設都市地域、二〇八條規定之國防公用等項目。「平均地權條例」第五十三條發展新市鎮得徵收土地，都市計劃法第五十八條及獎勵投資條例第三十六、四十四所規定均得實施區段徵收。

㈢附帶徵收（Incidental Expropriation）：是謂政府興辦公共事業所需土地範圍以外連接之土地，因連接殘餘而行附帶徵收；或因環境改良土地漲價，政府爲防止不勞而獲，而附帶徵收，又叫「超額徵收」（Excess Condemnation）。㊶現行土地法施行法第五十條第五款「附帶徵收」應屬此類。

㈣保留徵收：所謂「保留徵收」，指興事業將來所須土地，預爲呈請核定公告，保留將來徵收權，並禁止其爲防礙徵收計劃之使用。㊷土地法第九十二條：「新設之都市，得由政府依都市計劃法，將市區土地之全部或一部，依法徵收，……前項徵收之土地，得分期徵收，分區開放，未經開放之區域，得爲保留徵收。」第九十三條又規定：「依都市計劃已公佈爲道路或其他公共使用之土地，得爲保留徵收，並限制其建築。」可見保留徵收是指未來所須之土地。但保留太長則有損人民權益，故土地法規定不超過三年，因國防設備得延長至五年。㊸按「都市計劃法」第五十條規定，自民國六十二年起算，也只能保留十五年，否則視爲撤銷。㊹

三、土地徵收之程序：

關於土地徵收之程序規定在土地法第五編第二章，共十四條，簡要說明如次：

㈠土地徵收之聲請與核准：凡合乎土地法第二○八條規定，因國防等九項要求，需用私有土地，均得提出聲請。按土地法第二二四條規定徵收土地應由需用土地人，應擬具徵收計劃書、徵收土地圖說、土地使用計劃圖。而關於核准土地徵收之機關分兩層：

㈠由行政院核准者：（土地法第二二二條）

1. 需用土地人爲總統府、五院及其直轄機關、省政府或院轄市市政府。

2. 舉辦之事業，屬於中央各院、部、會直接管轄或監督者。

3. 土地面積，跨連兩省（市）以上者。

4. 土地在院轄市區域內者。

㈡由省政府核准者：（土地法二二三條）

1. 需用土地人爲省政府各廳處縣市政府或其所屬機關及地方自治機關者。

2. 舉辦之事業屬於地方政府管轄或監督者。省政府爲前項核准時，應即報請行政

院備查。

㈡徵收土地之公告與通知：依土地法第二二七條公告期間為三十天。公告內容按土地法施行法第五十五條應記明需用土地人名稱，與辦事業總類，徵收地區，補償費，徵收土地圖。㊺核准徵收土地之通知方法依土地法施行法第五十六條「被徵收土地登記者，依照登記總簿所載之土地所有權人及土地他項權利人姓名住所，以書面通知。如未經登記者，應所在地之日報登載通知七日。」

㈢徵收補償之準備：土地徵收之補償有三類：地價、地上物、其他如遷移費或鄰地損失等。其中以地價補償最為重要，簡述如左：

㈠按土地法第二三九條規定，所估地價均以「法定地價為主」，即土地所有權人依法申報之地價。㊻

㈡按獎勵投資條例規定，第五十六條依「市價協議補償之……」，所謂市價，指買賣時的市場價格。㊼

㈢按建築法第四十四、四十五條，建築基地畸零狹小不合建築規定，該範圍內土地一併辦理徵收，並依地價之市價補償。㊽

㈣按現行平均地權條例第十條規定，照徵收當期之公告土地現值，補償其地價。

㊄按都市計劃法第四十九條規定：「依本法徵收或區段徵收之共公設施保留地，其地價補償以徵收當期之公告現值爲準。前項地價補償在實施都市平均地權地區以內者，應參照毗鄰非公共設施保留地地段之公告現值，由當地都市地價評議委員會評定之；其在實施都市平均地權地區以外者，由該管直轄市、縣（市）地政機關依法估定之。」㊾

由前項各條分析，地價顯然在申報地價、市價、公告現值、地價評議委員會估價等不同的補償爭議，實值得研究。另地上物、鄰地損失、土地改良物遷移費、墳墓及其他紀念物之遷移費，除去土地障礙物之補償等，土地法均有詳列，不再贅述。

肆、平均地權與市地重劃

土地重劃（Land Replotting），又稱土地合併或土地整理（Land Consolidation），是指在一定區域內，原爲細碎分割，不合經濟使用之地塊，而予以全部重新規劃併、混合整理，使合於經濟使用之地段，仍分配於原土地所有權人之全部過程。㊿以下按平均地權和土地重劃關係、市地重劃原因、市地重劃實施過程、重劃後之土地分配等項簡要說明之：

一、平均地權和土地重劃的關係：

兩者自表面觀之，似無關係，其實有極密切之關係，從照價徵稅和照價收買兩個觀點看，仍在促進土地之經濟利用，而土地重劃正是在完成此項目的。故土地法、平均地權條例、都市計劃法等法律中均有土地重劃（含市地重劃）之規定，是土地重劃之法源，亦為兩者關係密切之明示。

二、市地重劃之原因：

㈠按土地法第一三五條有關市地重劃之原因：「實施都市計劃者，土地面積畸零狹小，不適於建築使用者。」按平均地權條例第五十六條之原因為「直轄市及縣（市）主管機關為促進土地建築使用或為開發新都市、新社區，得選擇適當地區辦理土地重劃。」在都市計劃法第四十八條所述公共設施保留地亦可經由市地重劃取得。由以上各項原因看，可見市地重劃以民生福祉和土地經濟利用為主。

㈡由土地所有共同請求施行亦為形成市地重劃原因。土地法第一四一條規定：「第一三五條之土地重劃，得因重劃區內土地所有權人過半數、而其所有土地面積除公有土地外，超過重劃區內土地總面積一半者之共同請求，由市縣地政機關核准之。」本條文用意顯在防止少數人或大地主的昧於事理，反對辦理重劃。

三、市地重劃之過程：

都市土地至爲高昂而又複雜，故市地重劃工作至爲繁瑣。其過程大致包含測量、工程設計、地價調查評定計算、換地規劃、登記圖籍等，按臺灣省政府訂頒之「臺灣省辦理市地重劃程序表」（如表十二）51，按本表所示，市地重劃過程如下：

㈠籌設市地重劃委員會，徵求土地所有權人同意。
㈡依照都市計劃規劃設計並辦理各項測量工作。
㈢收集重劃土地及地價資料作換地設計分配，並計算各項負擔。
㈣編訂市地重劃計劃書報中央核定。
㈤公告及異議處理。
㈥施工及交接土地並清理。
㈦出售抵繳費用土地。
㈧辦理土地登記。

表十二　臺灣省辦理市地重劃程序表

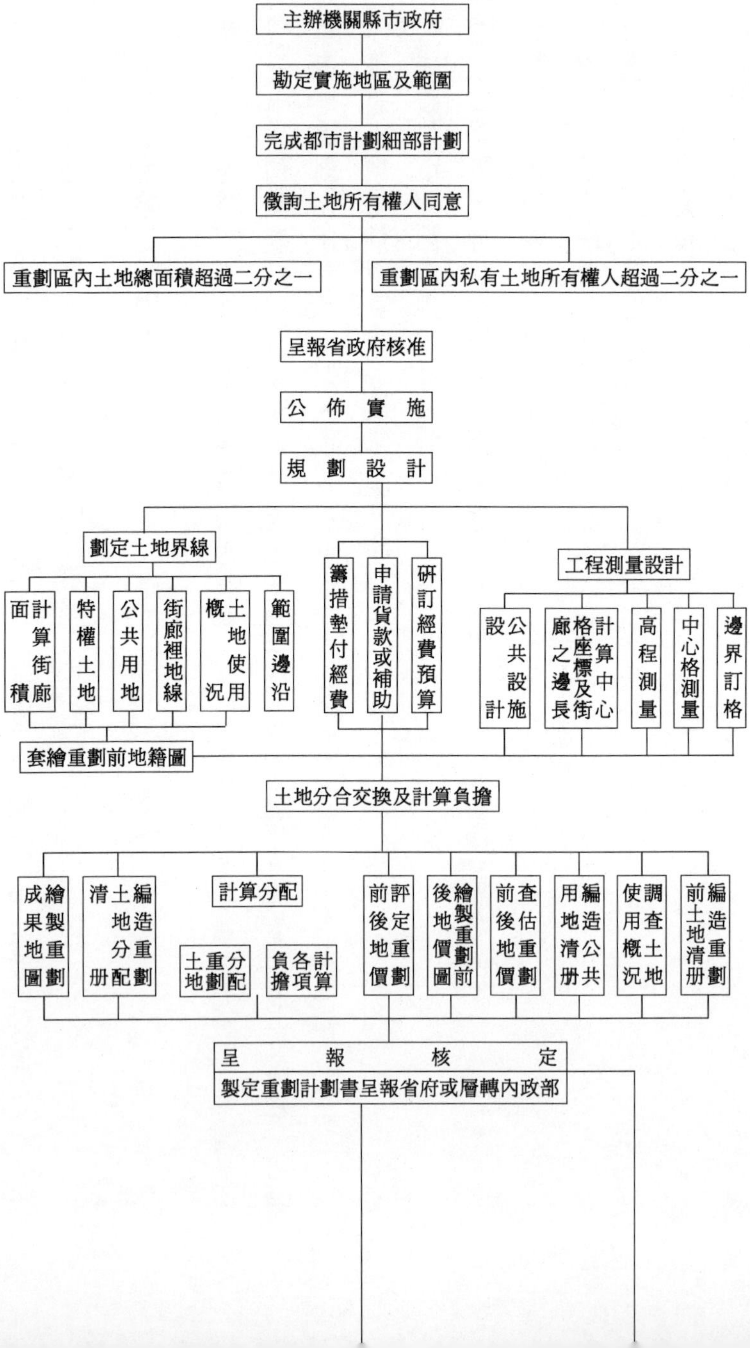

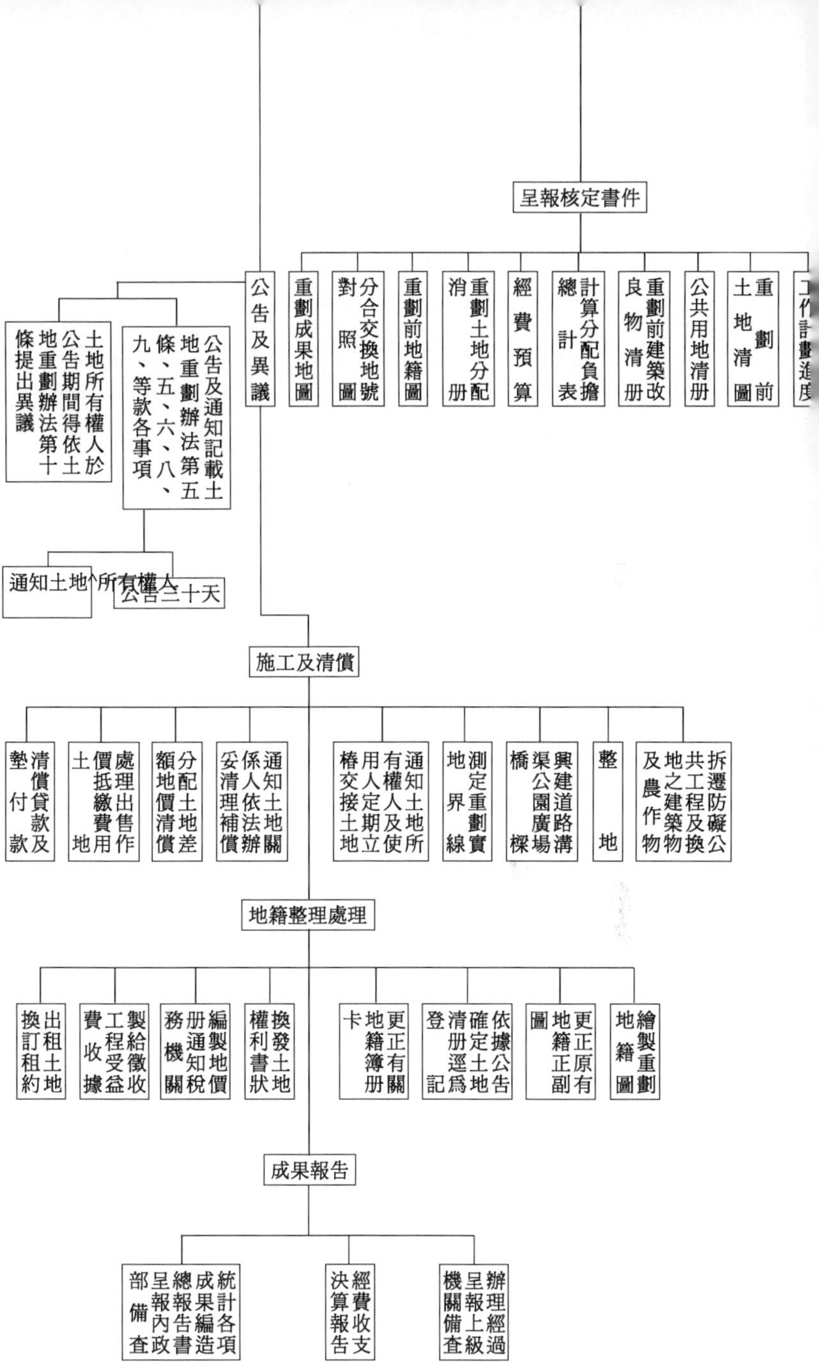

資料來源：王鼎臣，平均地權之理論與實踐，黎明公司，66.6.10 頁 68。

(九)清結經費收支。

(十)編造重劃工作報告。

以上可見市地重劃之複雜，由計劃階段，實際作業到成果提出，最後仍將土地分配各原所有權人，政府擔任服務角色。

四、重劃後之土地分配：

按平均地權條例第六十二條：「土地重劃後，重行分配與原土地所有權人之土地，自分配決定之日起，視為其原有之土地。本條例施行細則第八十二條，重劃後土地，仍依其重劃前各宗土地之平均申報地價、平均規定地價或平均前次移轉申報現值，按重劃後分配土地總面積計算總價並分算各宗土地之單價，其公式：

(一)
$$\frac{\text{某戶參加重劃各宗土地重劃前總申報地價}}{\text{某戶參加重劃各宗土地重劃總面積}}=\text{重劃前某戶平均申報單位地價}$$

(二)(一)式×重劃後某戶分配各宗土地總面積＝重劃後某戶分配土地申報地價總額。

(三)(二)式×$\frac{\text{某宗土地評定重劃後總面積}}{\text{某戶分配土地重劃後總評定地價}}$＝重劃後某宗土地申報地價總額。

(四)(三)式÷該宗土地重劃後面積＝重劃後某宗土地申報單位地價。

市地重劃後，重訂土地經界，使每一塊土地更合乎經濟效用，並合於建築規格，其土地市價自然長高，故近年各縣市推行市地重劃均極順利成功。

伍、臺灣實施都市平均地權之成果

「實施都市平均地權條例」在四十三年八月二十五日經立法院完成立法程序，八月二十六日總統命令公佈施行，同年九月七日行政院指定臺灣省為該條例的施行區域。「臺灣省實施都市平均地權條例施行細則」遲至四十五年元月十九日始行公佈，四月完成準備工作，六月從申報地價開始進行。分述如左：

一、規定地價

民國四十五年開始實施都市平均地權，辦理規定地價時，當時僅在五十九個有都市計劃的地區實施，至五十三年廣大範圍，面積增加三倍強，至五十七、五十八年繼續辦理二十二地區，共八十一地區，除台北市改制及其所轄六地區改隸台北市外，在臺灣省境內共有七十四區，面積五九、〇九三公頃（表十三）[52]。

以上辦理地價採自由申報方式，由於報低照價收買，與報高照價徵稅之制衡手段，各縣市公告地價均頗合理公平，故申報率極高，高報低報比率甚微：

第一次：臺北市第五十九地區，申報率百分之九九・五六（第一期實施地區）。

第二次：臺北市第五十九地區，申報率百分之九八・六三（第一期實施地區）。

第三次：樹林等十二地區，申報率百分之九九・六四（第二期實施地區，包含第一期實施地區重訂地價）。

第四次：汐止等九地區，申報率百分之九九・六六（第三期實施地區，申報情形見附表十四、十五、十六）[53]。

二、照價徵稅——地價稅：

地價稅為施行土地政策之一種手段，為達成政策之目的，針對各種不同之土地權及使用形態，依土地法及平均地權條例規定之稅率徵收。自四十五年至五十七年上期

附表十三　臺灣省各縣市第一、二、三期實施都市平均地權地區面積統計

縣市	第一期地區		第二期地區		第三期地區		附註
	地區	面積（公頃）	地區	面積（公頃）	地區	面積（公頃）	
計	53	52,391.3022	12	4,390.0000	9	2,412.4251	一、第一期地區於四十五年實施，面積爲 18,617 公頃。嗣於五十三年擴大實施範圍，面積增至 60,649 平方公頃。 二、第二期地區於五十七年實施面積爲 4,390 公頃。同時在第一期地區辦理重新規定地價。 三、第三期地區於五十八年實施，面積爲 2,432。 四、表列地及面積，因台北市改制、及景美、南港、士林、北投、陽明山外雙溪等六地區改隸於台北市轄，已予扣除。 五、表列第二、三期地區面積係就都市計劃估算，今後應以實施面積爲準。
基隆市		5,402.7462	—				
臺中市		3,734.7231	—				
臺南市		5,828.9670	—				
高雄市		4,623.3000	—		高雄港擴建區	43.8951	
臺北縣	4	3,097.4324	3	1,254.0000			
	板橋鎮	510.1630	樹林鎮	649.0000	汐止鎮	800.0000	
	三重市	925.3246	淡水鎮	547.0000			
	中和鄉	852.1848	瑞芳鎮	58.0000			
	新店鎮	809.7600	—				
宜蘭縣	3	1,105.9394	—				
	宜蘭市	552.7893	—				
	羅東鎮	519.0000	—				
	蘇澳鎮	34.1496	—				
桃園縣	2	1,441.2600	1	725.0000			
	桃園鎮	882.1100	石門村	725.0000			

資料來源：國家建設計劃委員會印，華新工地行政業務之研究，59.11 頁 68。

（續）附表十三-1　臺灣省各縣市第一、二、三期實施都市平均地權地區面積統計

縣市	第一期地區		第二期地區		第三期地區		附註
	地區	面積（公頃）	地區	面積（公頃）	地區	面積（公頃）	
	中壢鎮	619.1500	—				
新竹縣	2	2,457.1434	—				
	新竹市	2,081.9139	—				
	竹東鎮	375.2295	—				
苗栗縣	7	467.4303	—				
	苗栗鎮	184.5648	—				
	頭份鎮	79.0389	—				
	竹南鎮	67.9394	—				
	通霄鎮	39.3913	—				
	苑裡鎮	38.8285	—				
	後龍鎮	31.9333	—				
	卓蘭鎮	25.7341	—				
台中縣	5	1,789.7708	—				
	豐原鎮	944.1898	—		梨　山	62.0000	
	東勢鎮	237.8537	—				
	沙鹿鎮	358.0356	—				

（續）附表十三-2　台灣省各縣市第一、二、三期實施都市平均地權地區面積統計

縣市	第一期地區		第二期地區		第三期地區		附註
	地區	面積（公頃）	地區	面積（公頃）	地區	面積（公頃）	
	清水鎮	85.7151	—				
	大甲鎮	163.9766	—				
彰化縣	2	2,265.7680	1	363.0000			
	彰化鎮	2,131.4580	北斗鎮	363.0000			
	員林鎮	134.3100	—				
南投縣	3	2,580.3814	2	530.0000			
	南投鎮	726.3814	竹山鎮	53.0000	水裏鄉	111.3000	
	草屯鎮	1,285.0000	中興新村	477.0000			
	埔里鎮	569.0000	—				
雲林縣	5	1,086.6432	—				
	斗六鎮	68.0468	—				
	虎尾鎮	410.0000	—				
	西螺鎮	309.5953	—				
	北港鎮	236.3963	—				
	斗南鎮	500.0000	—				
嘉義縣	2	6,777.8828	—				

（續）附表十三-3　台灣省各縣市第一、二、三期實施都市平均地權地區面積統計

縣市	第一期地區		第二期地區		第三期地區		附註
	地區	面積（公頃）	地區	面積（公頃）	地區	面積（公頃）	
	嘉義縣	6,116.3197	—				
	朴子鎮	656.5631	—				
台南縣	3	1,824.9453	3	1,312.0000			
	新營鎮	1,125.0000	白河鎮	239.0000	學甲鄉	365.0000	
	鹽水鎮	365.1437	麻豆鎮	273.0000			
	善化鎮	334.7016	佳里鎮	800.0000			
高雄縣	3	2,882.9280	—				
	鳳山鎮	1,802.0681	—		美濃鎮	658.0000	
	岡山鎮	823.3789	—				
	旗山鎮	258.4810	—				
屏東縣	3	2,338.1297	1	155.0000			
	屏東市	1,274.4380	恆春鎮	155.0000	內埔鄉	258.0000	

（續）附表十三-4　台灣省各縣市第一、二、三期實施都市平均地權地區面積統計

	第一期地區		第二期地區		第三期地區		附註
	地區	面積（公頃）	地區	面積（公頃）	地區	面積（公頃）	
	潮州鎮	507.3819	—				
	東港鎮	556.3098					
台東縣	1	799.1500		51.0000			
	台東鎮	799.1500	成功鎮	51.0000	關山鎮	84.4000	
花蓮縣	3	2,153.3125	—				
	花蓮市	1,692.3908	—		天　祥	14.8300	
	鳳林鎮	162.6848	—				
	玉里鎮	298.2369	—				
澎湖縣	1	97.4487	—				
	馬公鎮	97.4487	—				

附表十四　臺灣省各縣市（局）申報地價土地筆數總計表

申報時間：五十三年七月十一日至八月十日

縣市	應申報地價土地總筆數	已申請地價土地筆數					申報者	備註
		小計	按公告地價者	高於公告	按公告地價八成者	低於公告地價八成者		
總計	772,950	7	250,938	8,423	488,986	1,890	97.06	
臺北市	133,590	50,237	58,591	934	60,329	630	90.19	
基隆市	29,110	1	12,127	322	15,494	—	96.14	防洪工程用地未列入應申報筆數內。
臺中市	56,952	20,484	19,001	278	36,902	95	98.81	
臺南市	52,551	27,988	11,075	80	38,836	24	95.17	
高雄市	56,616	56,276	26,131	247	29,593	102	99.04	
臺北縣	70,122	50,015	26,379	262	40,831	55	96.30	包括石門村應申報土地5,586 筆在內。
宜蘭縣	16,633	56,073	3,051	66	13,167	64	98.09	
桃園縣	30,364	67,527	5,501	4,130	20,426	—	98.99	
新竹縣	36,012	16,348	9,981	255	25,436	340	100.00	
苗集縣	16,501	30,057	1,739	5	14,756	1	100.00	包括台中市都市計劃區烏日鄉應申報地價土地17 筆，大里鄉606 筆在內。
臺中縣	33,673	36,012	6,482	184	26,820	44	99.58	
彰化縣	24,869	16,501	3,570	78	20,482	52	97.23	
南投縣	26,892	33,530	2,849	22	24,017	4	100.00	
雲林縣	19,464	24,181	5,282	66	14,116	—	100.00	
嘉義縣	49,147	26,892	10,427	415	38,204	62	99.92	包括台南市都市計劃區永康鄉應申報土地1,242 筆在內。
臺南縣	15,707	19,464	3,107	56	12,544	—	100.00	
高雄縣	24,886	49,108	10,026	197	14,246	90	98.68	
屏東縣	30,220	15,707	10,714	441	18,847	157	99.80	
臺東縣	8,997	24,559	4,774	123	4,082	118	100.00	
花蓮縣	17,395	30,159	9,032	148	8,097	33	99.51	
澎湖縣	3,018	8,997	1,570	16	1,431	1	100.00	
陽明山管理局	20,231	17,310	9,529	98	10,330	74	99.01	

資料來源：各縣市政府（局）同表十三　製表日期：五十三年八月十一日

附表十五　台灣省各縣市第一、二期實施都市平均地權申報地價成果

申報期間：57 年 5 月 7 日至 6 月 25 日　另報期間：同年 7 月 11 日至 7 月 25 日

縣市	應申報地價土地總筆數	已申請報地價土地									申報率（%）	備註
		小計	按公告地價者		高於公告地價者		按公告地價八成者		低於公告地價八成者			
			筆數	百分比	筆數	百分比	筆數	百分比	筆數	百分比		
總　計	802,403	800,317	157,641	19.75	2,461	00.31	639,705	79.93	510	00.06	99.74	一、本省申報地價截至申報地價期滿申報率為 99.51 %，經辦理補報後，增至 99.74 %。 二、低報地價土地原為 1,711 筆，經通知另報後減為 510 筆。 三、台北縣原屬景美、南港二地區及陽明山管理局所屬士林、北投、陽明山、外雙溪四地區，自七月一日起，改隸台北市籍，本表已予除外。
基隆市	35,678	35,678	15,482	43.42	22	00.06	20,157	56.52	—	—	99.95	
臺中市	71,082	71,082	12,212	22.37	202	00.28	54,777	77.18	123	00.17	99.85	
臺南市	67,669	67,669	23,379	18.16	37	00.06	54,971	81.77	9	11.01	99.35	
高雄市	71,133	71,133	11,084	32.88	50	00.07	47,661	67.04	7	00.01	99.95	
台北縣	112,825	112,825	2,737	09.92	650	00.58	99,885	89.39	123	00.11	99.04	
宜蘭縣	22,703	22,703	7,793	12.06	21	00.09	19,944	87.85	—	—	99.99	
桃園縣	37,284	37,284	11,332	21.02	229	00.62	28,998	78.23	46	00.13	99.42	
新竹縣	42,869	42,869	384	26.51	114	00.27	31,260	73.12	45	00.10	99.72	
苗栗縣	16,034	16,034	4,707	02.39	2	00.01	15,643	97.56	5	00.04	100.00	
臺中縣	39,952	39,925	4,118	11.79	156	00.39	34,955	87.55	107	00.27	99.93	
彰化縣	36,039	36,039	5,137	11.43	111	00.31	31,792	88.22	18	00.04	100.00	
南投縣	30,845	30,845	6,341	16.65	202	00.66	25,498	82.66	8	00.03	100.00	
雲林縣	25,303	25,363	10,235	25.00	53	00.21	18,969	74.79	—	—	100.00	
嘉義縣	58,834	58,824	3,683	17.40	183	00.31	48,406	82.29	—	00.01	99.98	
臺南縣	38,287	38,287	6,363	09.62	138	00.36	34,466	90.02	—	00.05	100.00	
高雄縣	29,409	28,409	8,677	22.42	128	00.45	21,913	77.13	—	—	100.00	
屏東縣	43,822	43,800	1,932	19.91	102	00.23	35,002	79.91	19	00.05	99.95	
台東縣	5,822	5,822	4,938	33.18	47	00.81	3,843	66.01	—	—	100.00	
花蓮縣	14,726	14,726	1,232	33.54	9	00.06	9,775	66.40	—	—	99.97	
澎湖縣	3,027	3,027		40.70	5	00.17	1,790	59.13	—	—	100.00	

資料來源：同附表十三

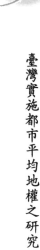

附表十六　台灣省第三期實施都市平均地權規定地價各縣市申報地價土地筆數統計表

申報期間：58.8.11-10 日止

縣市別	地區別	應申報地價土地總筆數	已申報地價土地筆數					申報者	備　註
			小計	按公告地價者	高於公告地價者	按公告地價八成者	低於公告地價八成者		
總　計		24,095	2	4,311	131	19,552	18	99.66	
高雄市	高雄港捷運區	131	131	95	22	14		100	
臺北縣	汐止鎮	6,063	6,005	1,244	84	4,677		99.04	尙有 58 筆未申報
臺中縣	梨　山	426	426	426				100	
南投縣	水裏鎮	3,621	3,621	580		3,041		100	
臺南縣	學甲鄉	4,437	4,437	320	7	4,099	2	100	
高雄縣	美濃鎮	4,426	4,426	431	6	3,989		100	
屏東縣	內埔鄉	3,309	3,384	621	10	2,637	16	99.24	尙有 25 筆未申報
臺東縣	關山鎮	1,612	1,612	515	2	1,095		100	
花蓮縣	天　祥	70	70	70				100	

資料來源：各縣市政府　同表十三　　製表者：臺灣省地政局　58 年 10 月 15 日

地價徵收情形可見（附表十七）㊹。

三、漲價歸公——土地增值稅：

土地增值稅雖非自地主申報地價後，全部漲價均歸公，但亦爲當前以漸進手段實施平均地權中，將土地因社會進步所增漲之價收歸大衆的一個辦法。增值越高者，課徵稅率越重，故土地轉移所需繳納之增值稅甚爲可觀，歷年來增值稅課徵情形及移轉檢查成果見（附表十八）㊺。

四、全面實施平均地權

臺灣省至六十六年，尙未實施平均地權之土地，計有一五三萬公頃，決定分兩梯次辦理地價（臺北市已於五十九年全面實施平均地權）。列入第一梯次實施地區，有板橋第二三二個市鄉鎮，土地面積一〇八萬二四四公頃（見附表十九）；其餘七十四地區四五萬餘公頃列第二梯次（附表二十）㊻。

附表十七　臺灣省實施都市平均地權地價稅徵收情形統計

年（期）		查定數（元）	徵起數（元）	徵數（%）	備　註
45 年		178,800,480	155,856,197	87.16	1. 45 年至 52 年徵起數計至各該年所屬會計年度結束為止，包括補徵欠稅。 2. 53 年以後按期統計，徵起數至各該期滯納期滿為止，包括記帳綏納數及補收以前年度舊欠稅。 3. 55 年下期以前包括臺北市在內。 4. 57 年上期查定數及徵起數係依據各縣市電話報告初步統計，徵續計至徵收期間為止（即開徵一個月）包括違章建築佔用土地綏繳，照價收買土地未出售記帳，營產收益土地暫行記帳及公有土地租金收入不敷納稅，分筆後未繳數在內。
46 年		177,935,999	171,182,818	96.20	
47 年		78,923,765	76,809,013	97.29	
48 年		78,744,832	74,770,679	94.95	
49 年		78,974,868	81,384,427	303.05	
50 年		78,675,077	74,723,572	94.97	
51 年		78,876,885	74,964,863	95.04	
52 年		81,577,516	78,408,929	96.11	
53 年	上期	38,474,568	33,251,975	86.40	
	下期	203,534,435	197,302,803	96.90	
54 年	上期	206,037,903	198,979,973	96.60	
	下期	202,984,641	200,769,552	98.90	
55 年	上期	205,999,251	202,123,538	98.10	
	下期	213,237,499	211,784,670	99.30	
56 年	上期	103,645,648	106,989,057	103.20	
	下期	104,250,370	106,997,335	102.6	
57 年	上期	304,344,673	284,228,811	93.4	

資料來源：同表十三

附表十八　臺灣省實施都申平均地權歷年漲價歸公統計

年度別	移轉土地		原地價（元）	申報土地現值（元）	土地漲價額（元）	漲價（%）	土地增值稅（元）	備　註
	筆數	面積						
合計	385,373	9,182.4190	5,374,391,327	8,490,459,982	3,116,068,653	58.0	1,086,850,986	
45	8,396	243.3444	107,989,715	140,212,081	22,222,366	29.8	8,282,943	
46	22,350	443.2618	261,682,337	375,774,383	114,092,046	43.5	30,075.980	
47	30,853	639.8901	344,070,716	521,160,237	177,089,521	51.4	56,472,561	
49	33,133	670.6365	395,962,768	674,425,648	278,462,880	70.3	92,513,319	
50	31,338	657.5759	327,442,275	659,206,488	331,764,213	101.3	156,364,694	
51	25,255	503.4893	239,666,640	487,907,137	248,240,497	103.6	121,468,360	
52	22,901	351.4520	230,680,194	443,102,663	212,422,469	92.0	104,320,160	
53	18,464	267.6898	184,305,955	350,180,173	165,874,218	90.0	82,324,429	
54	8,793	247.5840	127,760,520	175,724,666	47,964,146	33.1	25,530,862	
55	39,690	1,034.1684	740,220,805	857,035,479	116,814,674	15.7	26,347,375	
56	63,220	1.754.2644	1,241,361,022	1,623,447,347	382,086,325	30.7	85,820,147	
57	80,980	2,369.0586	1,173,248,380	2,182,283,680	1,009,035,300	86.0	297,036,165	

註記：四十八年因會計年度變更故無數字。

台灣省歷年都市土地移轉檢查辦理情形

年次	實施檢查土地		通知辦理登記土地		
	筆數	面積（公頃）	筆數	面積（公頃）	增值稅額（元）
總計	2,147,001	115,825.3717	17,550	421.2448	47,249,891
五十四年	589,668	27,395.9500	4,645	119.8532	931,438
五十五年	636,370	39,428.8334	3,572	78.7383	1,537,407
五十六年	515,155	31,759.3653	4,191	77.4976	2,765,506
五十七年	405,808	17,241.2230	5,142	147.1557	42,015,540

資料來源：同表十三

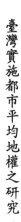

附表十九　全面平均地權第一梯次實施地區面積簡表㈠

縣市別	面積（公頃）	鄉市鎮數	鄉鎮市名稱
臺北縣	一〇七、〇五七	二四	板橋市、樹林鎮、鶯歌鎮、三峽鎮、土城鎮、中和鄉、新莊鎮、泰山鄉、五股鄉、林口鄉、三重市、蘆洲鄉、汐止鎮、金山鄉、萬里鄉、淡水鎮、三芝鄉、八里鄉、石門鄉、新店鎮、深坑鄉、石碇鄉、瑞芳鎮、雙溪鄉。
宜蘭縣	二二、四三三	六	頭城鎮、礁溪鄉、羅東鎮、蘇澳鎮、五結鄉、冬山鄉。
桃園縣	六八、八四四	一二	桃園市、蘆竹鄉、大園鄉、龜山鄉、八德鄉、楊梅鎮、新屋鄉、中壢市、平鎮鄉、觀音鄉、大溪鎮、龍潭鄉。
新竹縣	五〇、二八四	九	香山鄉、寶山鄉、竹北鄉、新豐鄉、湖口鄉、新埔鎮、關西鎮、竹東鎮、北埔鄉。
苗栗縣	七五、六二八	一四	苗栗鎮、公館鄉、銅鑼鄉、三義鄉、西湖鄉、頭屋鄉、竹南鎮、頭份鎮、後龍鎮、造橋鄉、通霄鎮、苑裡鎮、卓蘭鎮、大湖鄉。
臺中縣	六九、四八四	二〇	豐原市、潭子鄉、神岡鄉、后里鄉、東勢鎮、石岡鄉、新社鄉、霧峰鄉、大平鄉、大里鄉、烏日鄉、清水鎮、沙鹿鎮、梧棲鎮、龍井鄉、大肚鄉、大甲鎮、大安鄉、外埔鄉、大雅鄉。
彰化縣	八五、三二一	二五	花壇鄉、花園鄉、秀水鄉、田中鎮、社頭鄉、二次鄉、和美鎮、線西鄉、仲港鄉、員林鎮、溪湖鎮、大村鄉、埔心鄉、永靖鄉、鹿港鎮、福興鄉、埔鹽鄉、北斗鎮、田尾鄉、埤頭鄉、溪洲鄉、二林鎮、芳苑鄉、大成鄉、竹塘鄉。
南投縣	五七、六八一	八	南投鎮、名間鄉、草屯鎮、埔里鎮、魚池鄉、水里鄉、集集鎮、竹山鎮。
雲林縣	八五、六八二	一六	斗六鎮、古坑鄉、莿桐鄉、林內鄉、大埤鄉、斗南鎮、西螺鎮、二崙鄉、崙背鄉、虎尾鎮、土庫鎮、褒忠鄉、東勢鄉、北港鎮、元長鄉、水林鄉。

嘉義縣	九二、八四三	一五	竹崎鄉、新港鄉、中埔鄉、水上鄉、太保鄉、朴子鎮、六腳鄉、東石鎮、布袋鎮、義竹鄉、鹿草鄉、大林鎮、民雄鄉、溪口鄉、梅山鄉。
臺南縣	一三六、八四六	二七	新營鎮、鹽水鎮、柳營鄉、白河鎮、後壁鄉、東門鄉、麻豆鎮、下營鄉、六甲鄉、官田鄉、大內鄉、佳里鎮、學甲鎮、西港鄉、將軍鄉、七股鄉、北門鄉、新化鎮、新甫鄉、善化鎮、安定鄉、山上鄉、永康鄉、關廟鄉、仁德鄉、歸仁鄉、玉井鄉。
高雄縣	六七、八六一	二一	鳳山市、小港鄉、林園鄉、大寮鄉、大樹鄉、仁武鄉、大社鄉、烏松鄉、阿蓮鄉、路竹鄉、湖內鄉、茄定鄉、永安鄉、彌陀鄉、梓官鄉、旗山鎮、美濃鎮、杉林鄉、岡山鎮、橋頭鄉、燕巢鄉。
屏東縣	七八、九六七	二一	萬丹鄉、長治鄉、九如鄉、麟洛鄉、里港鄉、鹽埔鄉、潮洲鎮、萬巒鄉、內埔鄉、竹田鄉、新埤鄉、枋寮鄉、東港鎮、南州鄉、崁頂鄉、新園鄉、佳冬鄉、林邊鄉、恆春鎮、車城鄉、池上鄉。
臺東縣	二五、五八四	五	臺東市、成功鎮、關山鎮、鹿野鄉、池上鄉。
花蓮縣	五二、八一四	八	新城鄉、吉安鄉、壽豐鄉、鳳林鎮、光復鄉、玉里鎮、富里鄉、瑞穗鄉。
澎湖縣	二、九一四	一	馬公鎮。
總計	一、〇八〇、二四四	二三二	

資料來源：中華民國六十七年年鑑，頁四六四～四六五。

附表二〇　全面平均地權第二梯次實施地區面積簡表(二)

縣市別	面積（公頃）	鄉鎮市數	鄉鎮市名稱
臺北縣	二一、二三六	四	坪林鎮、貢寮鎮、平溪鄉、烏來鄉。
宜蘭縣	二七、六四四	五	壯圍鄉、三星鄉、員山鄉、大同鄉、南澳鄉。
桃園縣	九、三〇一	一	復興鄉。
新竹縣	三一、二四五	五	橫山鄉、芎林鄉、峨眉鄉、五峰鄉、尖仁鄉。
苗栗縣	二〇、三六一	四	南庄鄉、三灣鄉、獅潭鄉、泰山鄉。
臺中縣	八、五七八	一	和平鄉。
南投縣	七〇、六三一	五	中寮鄉、國姓鄉、鹿谷鄉、仁愛鄉、信義鄉。
雲林縣	二四、七三八	四	麥寮鄉、臺西鄉、四湖鄉、口湖鄉。
嘉義縣	七、七〇七	三	大埔鄉、番路鄉、吳鳳鄉。
臺南縣	二〇、七七八	四	左鎮鄉、龍崎鄉、楠西鄉、南化鄉。
高雄縣	二七、〇七三	七	田寮鄉、六龜鄉、甲仙鄉、內門鄉、桃源鄉、茂林鄉、三民鄉。
屏東縣	七六、九〇二	一一	高樹鄉、琉球鄉、滿州鄉、三地鄉、霧臺鄉、泰武鄉、春日鄉、馬家鄉、來義鄉、牡丹鄉、獅子鄉。
臺東縣	七四、五〇七	一一	綠島鄉、東河鄉、長濱鄉、卑南鄉、太麻里鄉、大武鄉、蘭嶼鄉、金峰鄉、達仁鄉、海端鄉、延平鄉。
花蓮縣	二五、七九〇	四	豐濱鄉、秀林鄉、萬榮鄉、卓溪鄉。
澎湖縣	八、〇七九	五	湖西鄉、白沙鄉、西嶼鄉、望安鄉、七美鄉。
總計	四五四、五七〇	七四	

資料來源：中華民國年鑑（67.）頁四六五

臺灣省全面平均地權第一梯次規定地價，自六十六年九月二日開始，至十月一日止，爲期三十天。在規定地價區內二百餘萬土地所有權人中，除公地免報、所有權人死亡絕戶、旅居國外、行蹤不明者外，得自行申報者一七四萬六五四六戶，在限期內申報有一七四萬七九六戶，佔總戶數百分之九九．九五。申報地價之土地有八三一萬二八四六筆，申報地價高於公告地價有四五萬六一四一筆，照公告地價有三七七萬七七九二筆，照公告地價百分之八十至百分之九十者有四〇七萬一二一六筆，低於公告價有七六九七筆（見附表二十一）。照價收買筆數見（附表二十二）㊼。

五、市地重劃成效：

四十五年實施都市平均地權後，爲促進都市土地有效利用，開始推行市地重劃，首先試行者爲四十七年內政部核定「高雄市都市土地重劃施行規程」，後起擬訂法則呈核者有四十八年五月臺北縣訂「臺北縣三重市土地重劃施行規程」，四十九年十月苗栗縣，五十年台南市、台中市。前述五縣市雖早有法規，但確切付諸實施者，僅高雄市，且成效顯著。歷年來不斷實行，重要成效如下：

㈠至五十九年度止，已辦完成市地重劃有高雄市三塊厝等五地區，正在辦理有臺北縣二重埔等十地區，本年度擬辦理有苗栗西山等八地區（見附表二十三、二十四、二十五）58。

㈡重劃區全部道路、溝渠、運河、橋樑等各項公共設施工程，市地重劃後均已按照都市計劃規格辦理完成（附表二十六）。

㈢重劃區內原有農田、魚塭及低度使用土地，完全改良，增加建築面積，重劃後公共用地均由土地所有權人負擔，政府無須征購補償（附表二十七）。

㈣土地所有權人自行負擔公共用地及建築經費，政府節省經費至鉅（附表二十八）。

㈤重劃後土地增值，達三・〇三至四・七八倍，土地所有權人雖負擔公共建設用地及經費，扣除後仍獲利一・八八至二・七六倍（附表二十九）59。

六、對國民經濟生活的提高

自臺灣實施土地改革以來，國民所得大爲提高，因而民生富足，社會繁榮。從（附表三十）可看出五十一年度到六十四年度國民之所得、營養、衣、住、行、電話、國民壽命、教育娛樂、就業水準的成長情形。60

附表二十一　臺灣省全面實施平均地權第一梯次規定地價地區申報地價情形統計表㈢

縣別＼項目	應申報地價 總筆數	應申報地價 總戶數	已申報地價 筆數	%	已申報地價 戶數	%	未申報地價 筆數	%	未申報地價 戶數	%	已申報地價情形分析（筆數為單位） 低於公告地價80%者	佔%	按公告地價80-90%申報者	佔%	按公告地價100%申報者	佔%	按公告地價100%-120%申報者	佔%	高於公告地價120%申報者	佔%
總計	八三七、二二一	一、七四五、六四六	八、三二二、八四六	九九·九五	一、七四四、七九六	九九·九五	四、三六五	〇·〇五	八五〇	〇·〇五	七、六九七	〇·〇九	四、〇七二、二二六	四八·九七	三、七七七、七九二	四五·四五	四五三、七六四	五·四六	二、三七七	〇·〇三
臺北縣	一、二五九、二二六	一四二、五七八	一、二五八、八三八	九九·九七	一四二、五四五	九九·九八	三七八	〇·〇三	二九	〇·〇二	一、四〇一	〇·一一	四八二、〇八二	三八·二九	七一八、三一二	五七·〇四	五六、七〇四	四·五〇	三三九	〇·〇三
宜蘭縣	一五一、四三五	三九、八二九	一五一、三四五	一〇〇	三九、八二九	一〇〇					四五九	〇·三〇	五〇、四三二	三三·二四	九四、五二〇	六二·四二	六、〇三二	三·九八	八三	〇·〇五
桃園縣	五四四、一二三	一五八、八一九	五四一、九七九	九九·七九	一五八、四二四	九九·八二	一、一四三	〇·二一	三九五	〇·一九	二九四	〇·〇五	二二七、八五六	四一·八八	二五四、七〇五	四六·八一	六〇、〇六九	二·〇四	五五	〇·〇一
新竹縣	六二七、五三八	七一、一六二	六二六、〇四七	九九·七六	七一、〇二六	九九·八二	一、四九一	〇·二四	一三六	〇·一九	一、五四九	〇·二五	一八四、四八三	二九·四〇	三三七、三三九	五二·七五	一〇二、三八五	一六·三二	二九一	〇·〇五
苗栗縣	五八二、九四五	九五、三〇〇	五八二、九四五	一〇〇	九五、三〇〇	一〇〇					一、〇五一	〇·一八	三一九、五九一	五六·五四	二四一、一一九	四一·三六	一〇、八七五	一·八七	三〇八	〇·〇九
臺中縣	四九一、三七〇	一五一、〇八七	四九〇、九〇八	九九·九一	一三三、〇三九	九九·九六	四六二	〇·〇九	四八	〇·〇四	三一九	〇·〇七	一八七、一五五	三八·〇九	二六三、九一九	五三·七二	三九、四二二	八·〇二	九三	〇·〇二
彰化縣	八三五、〇五七	二一九、一七五	八五三、〇二〇	九九·九九	二一九、一六二	九九、九九	三七	〇·〇一	一四	〇·一〇	七四	〇·〇一	三三八、六四七	四〇·五五	四五六、二二五	五四·六三	三九、九四三	四·七八	一三九	〇·〇二
南投縣	一八三、三二五	六八、三五三	二八三、三二五	一〇〇	六八、三五二	一〇〇					八四九	〇·三〇	一〇七、九六六	三八·一一	一六六、五六八	五八·七九	七、五九〇	二·六八	三五一	〇·〇三
雲林縣	六〇三、五〇四	一四七、四一四	六〇三、五〇〇	九九·九九	一四七、四一二	九九·九九	四	〇·〇〇一	二	〇·〇〇一	三三	〇·〇二	三八九、七一二	六四·五七	一九九、九〇二	三三·一二	一三、六九九	二·二七	五五	〇·〇一
嘉義縣	六〇三、三一八	一五〇、一一八	六〇三、三一八	一〇〇	一五〇、一一八	一〇〇					一七	〇·〇三	五五四、六三四	九一·九三	四四、八七二	七·四四	三、六一九	〇·六〇	一五	〇·〇〇一
臺南縣	一八一、七九四	二二〇、四九六	一、一八一、一二〇	九九·九四	二二〇、三〇三	九九·九二	六七四	〇·〇六	一九三	〇·〇八	五七二	〇·〇五	七五一、一四四	六三·五五	四一六、七〇二	三五·二六	一二、六一七	一·〇七	八五	〇·〇一
高雄縣	四五七、五五七	一二八、一四〇	四五七、四七二	九九·九八	一二八、一二二	九九·九九	八五	〇·〇二	一八	〇·〇一	一五八	〇·〇三	一九五、五九七	四二·七五	二三〇、四一三	四八·一七	四一、二六七	九·〇二	三七	〇·〇一
屏東縣	四六五、三四九	一一九、四七五	四六五、三四九	一〇〇	一一九、四七五	一〇〇					一八四	〇·〇四	一九四、三四七	四一·七六	二一七、六七二	四六·七七	四一、二六七	一一·三三	四四四	〇·一〇
臺東縣	五九、二八五	一七、五八八	五九、二八五	一〇〇	一七、五八八	一〇〇					〇	〇	一四、一七二	二三·九〇	四三、〇三二	七二·六〇	五二、七〇三	三·五〇	七	〇·〇〇一
花蓮縣	一二六、七〇二	二九、四四九	一二六、六一一	九九·九三	二九、四三四	九九·九五	九一	〇·〇七	一五	〇·〇五	四六三	〇·三七	三〇、四九〇	二四·六〇	九一、〇七六	七一·八八	二、〇七六	三·五六	七三	〇·〇六
澎湖縣	四四、六九四	七、六五三	四四、六九四	一〇〇	七、六五三	一〇〇					四	〇·〇一	三二、九九七	七三·八三	一一、四二七	二六·一〇	四、五〇九	〇·〇六	五	〇·〇一

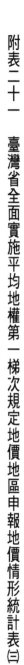

附表二十二　臺灣省全面平均地權第一梯次地區低報地價土地實施照價收買統計表㈣

項目／縣別	筆數	面積（平方公尺）	申報總價	土地改良費用（已繳工程受益費）或改良物價值	應補償總價（元）
總　計	四八	一三、三一七、四八	四三一、一四六・八〇	三八三、五六八・七〇	八一四、七一五・
臺北縣	二	一七七、七一	二九、一二六・九〇	三六五、八〇八・七〇	三四九、四三六・
桃園縣	一	八、〇二六、〇〇	二八八、〇三〇・六〇		二八八、〇三〇・
新竹縣	三	六八八、六〇	八、六七〇・三〇		八、六七〇・三〇
臺中縣	四	一九二、六七	〇		〇
雲林縣	三六	一、五五六、〇〇	四九、五四二・五〇		四九、五四二・五〇
臺南縣	一	二、二二〇、〇〇	五五、五〇〇・〇〇	一七、七六〇・〇〇	七三、二六〇・〇〇
澎湖縣	一	二七六、五〇	二七六・五〇		二七六・五〇

附表二十三　已辦理完成地區及面積表（23-28）

縣市別	地區名稱	面積（公頃）	備　註
高雄市	第一期（三塊厝）	六六・三一二五	
高雄市	第二期（過田子）	六三・一二四七	
高雄市	第三期（運河區）	二二・九六五〇	
高雄市	第四期（林德官）	六六・二三三四	上列第四期重劃區內，尚有部分工程在繼續施工中
台中市	大智路	一四・五二八二	
合　計	五	二三三・一六三九	

資料來源：國家建設計劃委員會，「如何始能充分有效利用台灣土地以利建設發展之研究」，59.11.

附表二十四　正在辦理地區及面積

縣市別	地區名稱	面積（公頃）	備考
臺北縣	二重埔第一期	三三	重劃業務已完成，惟因地盤下陷，其原規劃之工程計劃，正在重行規劃中。
嘉義縣	嘉義市中心區	二	重劃業務已完成，公共工程在施工中。
臺南市	安平區	一七	重劃計劃業經內政部核定，俟公告期滿後施工。
雲林縣	斗南鎮五間厝	一〇	重劃業務接近完成階段，惟細部計劃尚待完成修正程序。
桃園縣	桃園鎮山頂段	三一	重劃業務接近完成階段。
臺中市	西區蔴園頭	三〇	重劃業務接近完成階段。
南投縣	草屯鎮太平路	三五	細部計劃上年底始公布，重劃業務正在積極趕辦中。
新竹縣	新竹市文華路	二〇	實施範圍已勘查決定，正積極辦理中。
高雄縣	岡山鎮前峰段	一五	細部計劃尚未公布，重劃準備工作在辦理中。
基隆市	七堵連柑宅	三〇	細部計劃尚待修正，重劃準備工作辦理中。
合計	一〇	二二三	面積係約計，完成後以實測面積爲準。

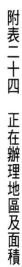

附表二十五：本年度計劃辦理地區及面積

縣市別	地區名稱	面積（公頃）	備考
苗栗縣	苗栗鎮西山段	四〇	都市計劃擴大地區，尚未完成修正都市計劃程序。
臺中縣	豐原鎮烏牛欄段	三〇	都市細部計劃尚未公佈。
嘉義縣	嘉義市車店里	二五	都市細部計劃尚未公佈。
臺南縣	永康鄉	三〇	都市計劃屬臺南市，細部計劃正在擬辦中。
屏東縣	屏東市檳榔腳段	二〇	都市計劃在修正中。
雲林縣	斗六鎮	二〇	都市計劃在修正中。
高雄市	第五期（大港埔段）	五〇	正辦理規劃設計中。
彰化縣	員林鎮三條圳	三〇	都市細部計劃尚未公佈。
合計	八	二四五	面積係約計，完成後以實測面積爲準。

附表二十六　完成重劃五地區公共建築工程

地區	道路		水溝		運河		橋樑		挖填土方（立方公尺）	建設費用（元）
	條	長度（公尺）	條	長度（公尺）	條	長度（公尺）	座	長度（公尺）		
合計	二五	四八、二七三	一七七	九二、六九九	二	二、七一五	三三	三六二	六二四、五〇四	一三七、二〇四、三八五
高雄市三塊厝	二五	一二、八四六	四九	二六、九二六		—	一一	一三	—	八、九三八、六三五
高雄市過田子	二五	一二、二四一	三七	二三、四二〇		—	九	三六	—	一八、二〇〇、〇〇〇
高雄市運河區	二三	四、四四五	一九	九、〇〇〇	一	一、二五〇	三	七五	二二七、〇〇〇	三一、四九一、一八〇
高雄市林德官	三八	一四、三四四	六八	二五、四二〇	一	一、四六五	六	九六	二八七、八六五	七四、四五六、七一二
臺中市大智路	一四	四、三九七	四	七、九二三		—	四	二三	一〇九、六三九	四、一一七、八五八

附表二十七　完成重劃五地區之重劃後土地規劃使用

地區	計（公頃）	建築用地	公共用地				備考
			計	公園用地	道路用地	運河用地	
合計	二三三・一六三九	一五三・五二六一	七九・六三七八	三・一三〇五	七〇・七八六四	五・七二〇九	
高雄市三塊厝	六六・三一二五	四六・六七六二	一九・六三六三	〇・六八三一	一八・九五三二		
高雄市過田子	六三・一二四七	四〇・五六三〇	二三・五六一七		二三・五六一七		
高雄市運河區	二二・九六五〇	一二・四六三六	一〇・五〇一四	一・六〇三二	五・九一四五	二・九八三七	
高雄市林德官	六六・二三三四	四二・七二三八	二三・五〇九六	〇・八四四二	一九・九二八二	二・七三七二	
臺中市大智路	一四・五二八三	一一・〇九九五	三・四二八八		三・四二八八		

附表二十八　完成重劃五地區節省政府建設經費

地區名稱	計	建設費用（元）	公共用地（公頃）	以每坪五〇〇元計算地價額	備考
合計	二五五、六五六、五五六	一三七、二〇四、三八五	七九・六三七八	一二〇、四五二、一七一	每公頃爲三〇二五坪
高雄市三塊厝	三八、六三八、五三八	八、九三八、六三五	一九・六三六三	二九、六九九、九〇三	
高雄市過田子	五二、三三四、五七一	一八、二〇〇、〇〇〇	二二・五六一七	三四、三三四、五七一	
高雄市運河區	四七、三七四、五四七	三一、四九一、一八〇	一〇・五〇一四	一五、八八三、三六七	
高雄市林德官	一一〇、〇一四、九八二	七四、四五六、七一二	二三・五〇九六	三五、五五八、二七〇	
臺中市大智路	九、三〇三、九一八	四、一一七、八五八	三・四二八八	五、一八六、〇六〇	

附表二十九　完成重劃五地區之重劃前後地價概況

地區名稱	重劃前每坪地價（坪・元）			重劃後每坪地價（坪・元）			重劃後土地價值平均增加率（倍）	扣除負擔後土地價值增加%	備考
	最高	最低	平均	最高	最低	平均			
高雄市三塊厝	二五七	七九	一八二	一・〇二四	五九五	七六〇	四・一八	二七六・〇	
高雄市過田子	一・六〇三	三九九	五二三	三・〇七四	七六〇	一・六六九	三・一九	二〇一・九	
高雄市運河區	一・四八七	二九七	四六九	四・四九五	一・〇九一	二・二四七	四・七八	二四四・六	
高雄市林德官	二・三〇四	七〇一	一・四六一	七・六一八	三・六一八	四・四二三	三・〇三	一八八・〇	
臺中市大智路	六二五	一三四	三一五	二・一六〇	一・〇一二	一・二八三	四・〇七	二四八・六	

附表三十　臺灣地區土地改革後人們生活水準提高情況表：行政院主計處

項目／數量／年	平均個人所得	營養方面		衣著方面	住的方面			行的方面		電話裝設	國民壽命		教育及娛樂			就業水準	
	單位新臺幣（元）	平均每人每日量 熱量（卡羅里）	平均每人每日量 蛋白質（公克）	平均每人每年服飾消費額	平均每人住宅面積（坪）	自來水供應率（%）	用電住戶率（%）	機車輛／人	汽車輛／人	具／千人	零歲人口預期壽命 男	零歲人口預期壽命 女	兒童就學率	娛樂 收音機架／人	娛樂 電視機架／人	就業人口佔勞動力人口的比率（%）	平均每戶就業人口（單位：人）
五十一年度	五、二三七	二、三一七	五七・八	二四一（元）	二・二	三一・二	六四・六	一／三一二	一／五二六	一〇・五／千	六二・六歲	六七・九歲	九六・五	（五三年）一一六	（五三年）二・六	（五三年）九五・六	（五三年）一・七八
六十四年度	二六、五九四	二、八〇一	七四・八	六三四（元）	三・五	四九・五	九八・四	一／一〇	一／五七	六九・二／千	六七・一歲	七二・五歲	九九・三	一五二	一七七	（六四年）九七・六	（六四年）一・八四
十三年之間增加數	四・一（倍）	四八四	一七	二・六（倍）	一・三	一八・三	三三・八	三一・二（倍）	九・〇二（倍）	六・五（倍）	六・五歲	四・六歲	二・八	（十一年之間）三六	一七四・四	二	〇・〇六
備註	剔除物價變動因素後，實質增加一倍。										十三年之間平均國民壽命增加〇・三五歲						

我國平均地權自四十三年開始「實施都市平均地權」，到五十八年三月執政黨召開第十屆全國代表大會，決議通過全面平均地權，五十九年開始申報地價，行政院於六十五年五月依據「實施都市平均地權條例」擬訂「平均地權條例」，六十六年二月二日總統明令公佈施行，此一時期的土地改革，奠定了我國日後推動十項建設、十二項建設之基礎，不僅有助於我們把握未來努力方向，且受到國際重視，成爲開發中國家的楷模。

陸、結論——檢討改進

由於中國人特異的歷史文化，土地有如生命般重要，「人口和土地的消長，治亂的循環，有著密切的關係，這種體驗，怎能使國人不把土地視若生命呢？」⑥¹人口土地是相互因果關係的，可以預判未來土地仍然是人類最嚴重的課題。就以台北市爲例，由於貨幣價值跌落、人口增加、工商發達、國民所得提高、市地有限，政治安定、人民對未來預期樂觀等因素，⑥²地價仍會不斷上升。可見地價問題仍是未來實施都市土地改革的重要關鍵。以下針對我國實施都市平均地權以來所常招議論問題，提出檢討興革意見。

一、嚴格規定地價：

實施平均地權的方法，以規定地價爲初步，亦爲市地政策之中心。歷年來有兩個問題存在，應有突破解決的辦法：

㈠依現行平均地權條例第十四條規定：「規定地價後，每三年重新規定地價一次，但必要時得延長。」在此工商發達時代，地價有如物價，朝夕變動，故至少每年訂價一次，可防止漲價盡人私囊。

㈡目前每塊土地有四種價錢：一爲日常買賣市價、二爲繳納地價稅之地價、三爲繳納土地增值稅之地價、四爲照價收買之地價。一般論者以爲公告現值和市價一致爲最佳。

二、地價稅之調整：

按現行累進稅率是自累集起點地價算起，超過百分之五百爲一組距，累進稅依次爲千分之五、千分之十，到千分之七十止，無法達到「中小地主從輕，大地主從重」

的作用，若累進起點地價以百分之二十上下為組距，再提高稅率，就有「稅去地主」的功能。63

三、提高土地增值稅率與縮短課稅組距：

現行漲價歸公的作法是土地增值稅，但歷年來多所更張和爭議，效果欠佳。唯一改進之道，必須提高增值稅率，縮短課稅組距。再者土地增值稅究依成交價格或公告現值課徵，目前仍在爭論不休，若以實際成交價格雖合立法理論，但呈報不實，守法者吃虧，始正式改以土地現值為準。

四、土地徵收的補償問題：

地價補償一般爭論最多，現行法令中並無標準，例如依都市地價評議委員會、平均地權條例、一般買賣市價協議、法定地價或最後移轉時地價、未規定地價地區依市縣地政機關做定之地價等，各種法令規定不一，足見如何修訂使其完美，值得研究。

上面所提問題，多少有些不合國父原意，例如漲價歸公、規定地價、土地增值稅等，故議論者每在「到底合不合國父之意？」或「離距國父理想尚有多遠？」而認為目前實施的平均地權並非國父的平均地權。吾人擬從另一角度觀之，民族、民權、民生三者都是達成三民主義的一環，而平均地權和節制資本爲達成民生主義的兩大環節，其中農地改革和市地改革都是完成平均地權的一部份，因爲三民主義是整體合一的，故「外延」與「內涵」亦是整體的；外延的作用在規範內涵，內涵的作用在分途達成外延目標。⑥④故前述問題中，例如土地增值稅稅率爲多少，只要能達成平均地權之目標即可，而平均地權條例不論如何修訂，只要能達成民生主義目標即可，稅率多少？地價如何報？均屬技術問題，隨社會進步而修訂改變，值得研究，但不值爭論不休。

（本文發表於：復興崗論文集，第十期，七十六年六月。）

註　釋

①孫中山，「民生主義第二講」，國父全集，第一册，中國國民黨中央黨史委員會，中央文物供應社，六十九年八月三版，頁十一—十三。

②孫中山，「民生主義與社會革命」，前揭書，頁十七。

③最新六法全書，陶百川編，臺北市，三民書局，七十三年四月增修版，平均地權條例，四十三年八月二十六日總統令公佈施行，四十七年、五十三年、五十七年、六十一年、六十六年、六十九年均曾修訂。此處引六

十九年一月二十五日總統令修正公佈第三條，頁七九三。

④孫中山，「政見之表示」，民國元年十月十二日在上海報界公會歡迎會演講，國父全集，第二冊，同①，頁捌—五二。

⑤孫中山，「三民主義與中國民族之前途」，前揭書，頁壹—一七八。

⑥同註⑤，頁壹—一八〇。

⑦孫中山，「民生主義與社會革命」，前揭書，頁壹—一八〇。

⑧孫中山，「三民主義之具體辦法」，前揭書，頁壹—二一八。

⑨王文甲，中國土地制度史，臺北，國立編譯館，六十六年十一月臺修一版，參閱第三章、第七章、第十四章、第十八章。

⑩王文甲，土地政策，臺北，三民書局，六十七年九月修正版，請參閱「第三編」各國土地政策。

⑪同註②。

⑫來璋，臺北市地價問題研究，臺北市，臺灣商務印書館，七十一年六月三版，頁四、頁五、頁四十七。

⑬同註⑫，頁四。

⑭同註⑫，頁八。

⑮王孟周、楊與齡合著，中國都市土地改革，臺北市，中央文物供應社，四十五年十二月，頁二四七。

⑯孫中山，「中國實業當如何發展」，民國八年十月發表。
⑰國父在「民生主義第二講」、「民生主義與社會革命」、「平均地權」、「續論平均地權」、「實業計劃」等處均曾提過此四大辦法。
⑱同①，頁壹—一四四。
⑲同③，頁七九四。
⑳同③，頁七六〇。
㉑同③，頁七六一。
㉒同③，頁七九九。
㉓同③，「平均地權施行細則」，頁八〇一。
㉔同㉓，頁八〇二。
㉕同③，參閱「平均地權條例」第二十二條。
㉖同㉕，第六條。
㉗孫中山，「民生主義第二講」，同①，頁—一四五。
㉘同③，平均地權條例，頁七九五，第三十六條。
㉙同③，土地稅法，頁九四〇。

㉚同③，土地稅法施行細則，頁九四五。
㉛同③，頁九五四。
㉜蘇志超，土地法規新論，臺北市，文笙書局，七十二年十月增修訂五版，頁七七六。
㉝同③，參閱「都市計劃法」，頁五七三。
㉞同③，頁一〇三〇。
㉟同③，頁一〇九一。
㊱同③，頁六九二。
㊲同③，頁一一二〇。
㊳同③，頁八一二。
㊴王鼎臣，平均地權之理論和實踐，臺北市，黎明公司，六十六年六月十日初版，頁一二八。
㊵同㊴，頁一二八。
㊶同㊴，頁一三一。
㊷同㊴，頁一三二。
㊸同③，土地法，第二百一十四條。
㊹同③，都市計劃法，頁五七六。

㊺同③，參「土地法」及「土地法施行法」。
㊻同③，土地法第二三九條，頁七六五。
㊼同③，獎勵投資條例，第五十六條，頁一〇三〇。
㊽同③，建築法，第四十四、四十五條，頁五八四。
㊾同③，都市計劃法第四十九條，頁五七六。
㊿同㉜，頁五三七。
51同㊴，頁一七六。
52國家建設計劃委員會編印，革新土地行政業務之研究，五十九年十一月，頁六三。
53同52，頁六四。
54同52，頁六五。
55同52，頁六六。
56見中華民國六十七年年鑑，第四十二章，地政，頁四六三。
57同56，頁四六三—四六四。
58國家建設計劃委員會印，如何始能充份有效利用臺灣土地以利建設發展之研究，五十九年十一月。
59同58，頁一六四。

⑥⓪同㊴，頁二五六—二五九。
⑥①周煌明，農地改革研究，臺北，帕米爾書店，七十二年五月版，頁九。
⑥②同⑫，頁一二四。
⑥③同㊴，頁三三八。
⑥④所謂「外延」「內涵」，指理則學上者。

參考書目

1.周煌明，農地改革研究（臺北：帕米爾書店，七十二年五月）。
2.來璋，臺灣土地徵收問題（臺北：商務印書館，六十三年五月）。
3.王文甲，土地政策（臺北：三民書局，六十七年九月修正版）。
4.周一夔，都市經濟學（臺北：國立編譯館，六十六年一月來臺初版）。
5.國家建設計劃委員會編印，如何始能充份有效利用臺灣土地以利建設發展之研究，五十九年十一月。
6.王文甲，中國土地制度史（臺北：國立編譯館，六十六年十一月臺修一版）。
7.蘇志超，土地法規新論（臺北：文笙書局，七十二年十一月增修訂五版）。

8.王鼎臣，平均地權之理論與實踐（臺北：黎明文化公司，六十六年六月十日初版。）
9.王孟周、楊與齡合著，中國都市土地改革（臺北市，中央文物供應社，四十五年十二月）。
10.來璋，臺北市地價問題研究（商務印書館，七十一年六月三版）。
11.國父全集，中國國民黨中央黨史委員會，中央文物供應社，六十九年八月三版（第一、二册）。
12.陶百川，六法全書（臺北，三民書局，七十三年四月增修版）。
13.國家建設計劃委員會編印，革新土地行業務之研究，五十九年十一月。
14.中華民國年鑑（五十九年、六十二年、六十三年、六十四年、六十五年、六十六年、六十七年、六十九年）。

馬恩共產主義的策略性與人類前途

壹、前　言

馬克斯（Karl Marx, 1818-1883）窮其一生貧病落魄，漫長的數十年之間，過著被人歧視、迫害、驅逐、流亡的生活：當他一家六口僅賴他一人鬻文爲生，糧食不繼全靠恩格斯（Frederick Engels, 1820-1895）不斷地接濟，他的兩兒一女也在一八五〇、一八五二、一八五五年相繼貧病而死，當時的資本主義卻「見死不救」，他的忿恨不平是可想像的。所以他挖空心思，企圖要弄出一套「革命理論」，其目的並非學術研究或追求新知：而是在蒐集資料，找出根據來名正言順的顚覆那個他深惡痛絕的資本主義社會，並要使人信服資本主義的生產方式和社會形態終必滅亡，而走向一個沒有階級，完全平等的社會——即共產主義社會、這一套要叫人信服的根據就是理論，而實踐理論的具體作法就是策略。

使馬克斯這一套東西成爲有系統的主義學派者，就是馬克斯的密友恩格斯，他們都是費爾巴哈的信徒，主張唯物論，對資本主義嚴厲攻訐，推動共產主義運動。但恩格斯的著作大多是馬克斯學說的闡釋，並非創造，所以世人通常僅稱「馬克斯主義」（Marxism），即可兼論兩者。①

貳：馬恩所指「策略」之意涵

自一八四八年馬克斯和恩格斯發表「共產黨宣言」以來，馬克斯的辯證唯物論、唯物辯證法、歷史唯物論、階級鬥爭、剩餘價值、無產階級專政等，便已成爲世界各國奪權鬥爭，奪取政權和赤化世界的最高指導原則。到一九八〇年共產主義流行，全世界一百七十餘國家中，已有九十七國有共黨組織，共產黨徒有七千九百萬人，而迄今完全陷入共黨獨裁統治的國家十七個，人口約十五億。②從這些史實與理論中可看出，馬克斯一生論著雖極少用「策略」二字，並不表示他不重視或沒有策略，相反的，他的全部理論都有高度的策略性。因爲馬克斯的學說都是建基於共產主義社會的「必然實現」，至少馬克斯在世並未實現，而是他認爲「以後」必然要實現，他急於促其實現，當然非有一套策略不可。此地我們要追問的，他這套策略是甚麼東西？爲何如此利害？

馬克斯本人極少用「策略」二字，但列寧（V. I. Lenin, 1870-1923）在談到馬克斯的「無產階級鬥爭策略」時說：「馬克斯畢生除了從事理論寫作以外，還毫不鬆懈地注意著無產階級鬥爭的策略問題」、「馬克斯公正地認爲唯物主義缺少這一方面，就是不徹底的、片面的和毫無生氣的唯物主義。馬克斯是嚴格根據他的辯證唯物主義世界觀的一切前後，確定無產階級策略的基本任務的。」③從這段話可知，馬克斯是把策略看成階級鬥爭的工具；其實照現實的運用來說，階級鬥爭也是一把工具，前面提到馬克斯的各種理論都是一把把的工具，每一種工具都有策略性，都爲邁向共產主義社會而設計的。在共產革命過程中，有許多這種「策略性的工具」在被運用，端看客觀環境的需要，而提出各種不同的主張，這就是策略；以後的共產黨徒，根據馬克斯的策略思想，把策略拿來和戰略比，以明確劃分出「策略」和「戰略」的不同，才好運用：

「戰略決定後，非因政治目標實現或是敵我關係已有重大之變化，通常是不再改變，而策略之任務，僅在某一階段中，依據客觀環境和主觀條件展開行動，實施戰鬥，以求實現戰略目標之要求，所以策略是由戰略決定，它是屬於戰略的一部份，爲戰略而服務，並適應主客觀情況之需要可以適時變換。同時，戰略應從全程著眼，而策略衹求局部目標之實現，因而，戰略可以改變策略，而策略則必須完全依從於戰略。」④

對於這樣的策略意含，恩格斯與馬克斯在基本上有相同的看法，但恩格斯爲了加強運用工人農民的力量，對「策略」二字使用的更多，此點容後再談。

參、馬恩策略的理論基礎

馬恩共產主義之理論體系實即辯證唯物論（Dailetocal Materialism）、唯物辯證法（Materialistic Dialectics）、歷史唯物論（Historical Materialism）三者·，特別是馬克斯的唯物辯證法，更是共黨一切策略思想的理論基礎，故有「策略之策略」之稱。⑤自從一八四八年馬克斯與恩格斯發表「共產黨宣言」以來，共黨所有詭謀詐變的策略層出不窮，幾乎使自由民主陣容無法應付，其實都是由「唯物辯證法」變化而來。本節簡述其要點。

馬克斯的「唯物辯證法」，是轉用黑格爾辯證法「正、反、合」的「合理核心」，再加上費爾巴哈唯物論，經馬、恩兩人有計劃的改造，完全爲共產主義之實現而設計。所以「兩者不是一種簡單的湊合，而是基於階級鬥爭的需要，對兩者的部份保留和部份昂揚以及部份拋棄的重新整理。」⑥經馬恩加工後，唯物辯證法可以歸結出下面三個規律：

一、矛盾法則（Law of interpenetration of opsiteness）

他認爲萬事萬物之所以有變動，都是事物本身就有矛盾存在，一是正，一是反，這兩種東西在內部相互鬥爭，導致變化存在。例如水是由氫和氧兩個矛盾對立的因子，循矛盾→衝突→統一→水，所以恩格斯說：「運動的物體在某一場所，同時又在另一場所，運動本身就是矛盾。」⑦故「唯物辯證法的矛盾法則」的基本內容是：

㈠萬事萬物之所以有變化，是內在矛盾的自我運動。

㈡內在雖有對立、矛盾，但可以暫時統一。

㈢矛盾的結果是要鬥爭，經過鬥爭才能達致目標。

二、質量法則（Law of fransformation of guantity into guality and vice versa）

馬恩用質量法則來說明事物進展過程的規律，他們認爲事物開始有了發展，起因於「量」的變化，變化到某一個頂點，即變成「質」的變化，謂之量變；同樣地，質變也會導致量變。恩格斯說：「沒有物質或運動的增加或減少，即沒有有關物體的量的變化。」⑧例如水的溫度，增高或減低到某一程度，就化成氣體或凝結爲冰，故質量法則又叫「質量互變法則」。其基本內容量：

㈠量變可以造成質變，質變又帶動量變。
㈡論變化過程的先後，先量變，後質變。
㈢量變是連貫性的漸變，質變是突然性的突變。
㈣量與質的不斷互變，才能不斷前進上升。

三、否定法則（Law of Negation）

恩格斯說：「什麼是否定的否定呢？它是一個非常普遍的，因而也是非常廣泛地起作用的重要自然、歷史和思維的發展規律。」⑨而馬克斯告以一個「祕密的公式」：肯定、和定、否定之否定。⑩顯然這是將事物發展過程分爲正反合三段，恩格斯曾用「麥種→麥苗→麥」來說明這個過程，其實這是黑格爾的辯證法，稱之「三位論」（Triad），圖解如次：⑪

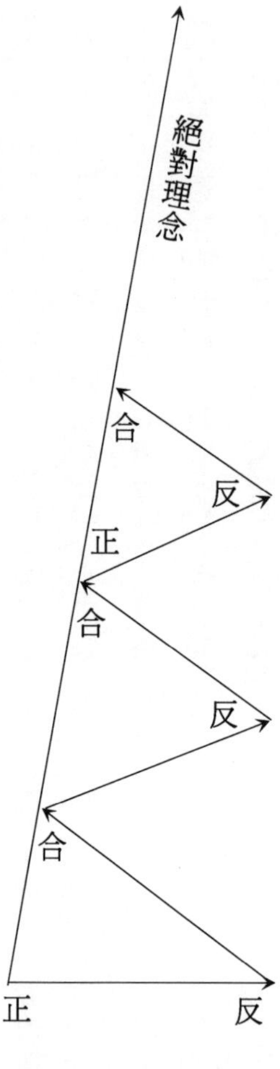

此一法則的基本內容是：

㈠正概念必定產生反概念，正反相合，此既所謂的「否定的否定」。

㈡正是肯定，反是否定，合便是否定之否定。

㈢正→反→合：不斷連續前進：合爲正，又生出反，再結成合。

㈣只有不斷產生正反合運動，才能發展進步，達成所要目標。

從以上三個法則，得知一個結論：從馬恩開始，以至以後的共產黨人都認爲，宇宙間萬事萬物，只有在矛盾→對立→統一；量變→質變→量變；肯定→否定→否定之否定，三種規律運動下，才能進步發展。這一套法則就是共黨的鬥爭策略，不但用來鬥爭自己的政敵，也用來鬥爭國際上的主要敵人和次要敵人，如此不斷前進遞升，直到敵人消滅爲止。吾人觀察人類社會諸多現象，生物的生存活動等，確是如此。

肆、馬恩策略的實際運用

馬恩在唯物辨證法的策略運用，主要在劃分無產階級和資產階級，製造兩者的矛盾，以及對工人、農人、中產階級、中立人士、其他民主黨派之欺騙和利用。其目的就是在製造一連續的階級鬥爭，以消滅資本主義社會，走向共產主義社會。以下先從「共產黨宣言」來看馬恩「策略」中，賣的是甚麼藥?

「共產黨宣言」分四節，第一節是「資產階級與無產階級」，根據馬、恩選集的說法：

「資產階級是指佔有社會生產資料並使用雇傭勞動的現代資本家階級、無產階級是指沒有自己的生產資料，而不得不靠出賣勞力來維持生活的現代雇傭工人階級。」⑫

這裡顯然是把資產階級和無產階級劃分成兩個勢不兩立的階級，以加深兩者的對立，加大兩者的距離，使後者鬥爭前者，社會中的中間階級當然也是馬恩鬥爭的對象。宣言中又說：

中間階級，即小工業家、小商人、手工業者、農民、他們同資產階級作鬥爭，都是為了維護他們這種中間階級的生存，以免於滅亡，所以他們不是革命的，而是保守的，不僅如此，他們甚至是反動的，因為他們力圖使歷史的車輪倒轉。如果說他們是革命的，那是鑒於他們行將轉入無產階級的隊伍，這樣，他們就不是維護他們目前的利益，而是維護他們將來的利益，他們就離開自己原來的立場，而佔到無產階級的立場上來。」⑬

此地所指的「無產階級的隊伍」、「無產階級的立場」、「他們將來的利益」等語，就是共產黨人的立場與利益而言，凡是不合乎他們的立場和利益的，都劃入不革命、反動的範疇。把中間階級的求生存，看成是在開歷史的倒車；馬恩更預判這些中間階級，以後會「離開自己原來的立場」，而變成一個無產階級。可是，馬恩發表共產黨宣言至今已有一百多年，世界各國（尤其是資本主義國家，先進或已開發國家）的中產階級已成社會安定的大多數，並未成爲無產者（中產階級的消失，「M型社會」（貧富兩極化）的來臨後述），這是就廿世紀的觀察，此期間的民主政治社會創造了中產階級，勞資問題有較和平理性的處理方式，馬恩的策略因而失效。

宣言的第二節，說明「無產者和共產黨人的關係」，有這樣的一段話：

「共產黨人同其他無產階級政黨不同的地方只是，一方面在各國無產者的鬥爭中，共產黨人強調和堅持整個無產階級的不分民族的共同利益；另一方面，在無產階級和資產階級的鬥爭中，所經歷的各個發展階段上，共產黨人始終代表整個運動的利益。」⑭

再詳研這段話是很容易叫人上當誤解的，也是很利害的一招謀略。這意思說在無產階級和資產階級鬥爭全程中，共產黨始終代表無產階級的利益。但事實上不論無產、資產階級的利益，都是共產黨的利益。除共產黨之外，其他所有人民大衆是無利益可言的。可憐的人民！只是背了無數個「黑鍋」——人民政府、人民醫院、人民報紙、人民法院，乃至無產階級專政……都叫手無寸鐵的人民背黑鍋，共產黨人享受無窮盡的利益。

宣言的第三節是「社會主義和共產主義的文獻」，明白表示反對當時所流行的各種社會主義，嚴格的說是只容許共產黨的存在，現有的資本主義社會是要徹底消滅的，連當時的各類社會主義黨派也不例外。諸如：摩爾（Thomas More）的「烏托邦」（Utopia）、聖西門（Saint Simon）的理想社會主義、普魯東（Pierre Joseph Proudhon）的「無政府主義」（Anarchism）、歐文（Robert Owen）的「團結合作村」（Village of Unity and Cooperation）、費邊社會主義（Fabian Socialism）等；舉凡共產黨以外，不論是小資產階級的、資產、中產、空想、保守等各種社會主義及其他共產主義，都要加以反對和消滅，但他們的部份主張已被共產黨吸收。

宣言第四節，即最後一節，談「共產黨對各種反對黨派的態度」。前面說過共產黨反對其他黨派的存在，但爲壯大自己，欺騙世人，消滅敵人的目的，宣言中說：「共產黨人到處都贊助一切反對現存社會政治制度的一切革命行動。」⑮這就是馬克斯策略運用的可怕之處，對待明日準備要將其消滅的敵人，今日仍可能相互合作，以後列寧的「工農聯盟」，毛澤東的「民主同盟」都是從馬克斯這套策略發出來的，才完成他們奪權鬥爭之計劃。發展至今已成共黨集團的基本策略，即是「聯合明天的敵人，打擊今天的敵人；聯合次要敵人，打擊主要敵人」。

馬恩策略除了運用在製造階級對立與鬥爭，利用其他黨派；另外對工人活動也充份利用，從鼓動工人增加工資的罷工開始，發展成工人的同盟組織，再轉換成全國性的職工聯合會。這個發展過程，是逐漸由經濟性的鬥爭，轉向政治性鬥爭。馬克斯在「罷工和工人同盟」一文中就說：「反抗的最初目的只是爲了維護工資。後來，隨著資本家爲了壓制工人而逐漸聯合起來，原來孤立的同盟就組成爲集團。工人們爲抵制經常聯合的資本，而維護自己的聯盟，就比維護工資更爲必要……工人們獻出相當大的部份工資，支援經濟學家認爲是單爲了工資而建立的聯盟，在這一鬥爭中，未來戰鬥的一切要素在聚集和發展著，達到這一點，同盟就具有政治性。」⑯這是馬克斯對工人的利用，另外馬恩對農人也同樣不放過，且恩格斯比馬克斯更積極地運用。恩格斯說：

「爲了奪取政權，這個政黨應當首先從城市跑到農村，應當成爲農村中的力量。」⑰又說：

「我們不會使農民得到解放，只會把他們滅亡的時間延緩一下。」⑱又說：

「我們對於小農的任務，首先是把他們的私人生產和私人佔有變爲合作社的生產和佔用，但不是採用暴力，而是通過示範和爲此提供社會幫助。」⑲

馬恩對農人的策略，只是欺騙和利用而已。表面說的好聽，目的是要誘使廣大的農民群衆參加他們的奪權鬥爭，製造動亂，推翻政權。等共產黨奪得政權之後，就是農民「滅亡的時間」到了，集體農場和人民公社就是農民的「天堂」，裡面住了農奴。

伍、馬克斯、恩格斯策略運用之差異

馬克斯與恩格斯是終生最親密的戰友，馬克斯死後十二年恩格斯才死，這十二年間（一八八三——一八九五）他一樣忠誠地爲亡友服務。是恩格斯使馬克斯的學說成爲一種「主義」，是他重行校訂馬克斯的理論，加以潤色，更具科學化。在共產基本理論上，兩人是一致的，甚至是重疊的。但在策略上，根據學者研究仍有甚多差異，例如「馬克斯主義之演變及被利用」和「兩種馬克斯主義」等書均曾提到。⑳首先要提的是馬恩此種差異的根源，可從下列三點說明：

㈠馬克斯出身在一個受歧視、迫害的家庭中，一生貧困潦倒，思想偏激，造成惡性循環，其暴力傾向的色彩極濃厚。

㈡恩格斯是製造廠商之子，有享用不完的駿馬、醇酒、美人，及一切歌舞聲色，比較上不俱有「革命」的因子。托洛斯基曾說：「恩格斯毫無疑問的在偉人之中是最優雅、最完整及最高尚的人物之一……恩格斯如何有意地來極力輔助馬克斯：他的整生命係爲這一工作耗盡……以他們的日常生活背景來對照，恩格斯在才智發展方面有巨大之收獲。」㉑故其暴力傾向並不濃厚。

㈢馬克斯一生靠寫作度日，並沒有眞正瞭解工人，終其一生並未從事基層工人的工作或仔細走進一家工廠，例如製造廠、礦場、工廠、或製船廠，去觀察工人的生活。就憑空想像，認爲工人支持馬克斯的主張，是他搞暴力革命的本錢，未免天眞。㉒相反的，恩格斯的父親在歐洲大陸和英國都有棉花工廠事業，使他有機會介入當時工商業的內情，以瞭解眞相。他以第一手商業經驗寫成「英國工人階級之狀況」一書（Conditions of the working class England），書中描述了工人的貧困、疾病、家庭問題等，至少恩格斯會「親切」瞭解勞工生活。㉓

以上提出馬、恩的出身背景與其未來思想的關係，並非絕對的必然關係，但這是一個合理的經驗推論。可能是因爲這一點點的不同，造成他們在策略運用上有若干差異，以下試再提出幾點：

㈠因爲馬克斯主張的唯物史觀受到各方面強大反對，所以恩格斯不得不加以修正，他說：「經濟因素以外的因素在歷史上扮演一個角色，認爲生殖及性的關係之事件，與生產之爲一項決定因素有同等分量，甚或更重的分量，至少在原始民族中如此。」這段話等於承認了歷史進化的因素中，「人」比物更重要，而幾乎可以推翻唯物史觀的整個理論架構㉔。這一點對他的策略思想，吾人認爲有極大的影響。

㈡一八八五年間，恩格斯曾說：「自一八四八年以來，英國的巴力門毫無疑問爲世界最革命的團體，而下數屆的選舉將開闢一個新時代，縱令它不會自行宣露很快。巴力門裏面會有工人，而一個比一個人更厲害些。……」到一八九五年他已承認「他與馬克斯期待已久的暴動方式，面對著新的軍事科技，已經陳舊過時了。」他就是在這年死的，似乎在臨死前有了領悟：馬克斯的暴力革命是走不通了，必須把鬥爭策略加以修正，走向議會鬥爭。㉕他在「法蘭西階級鬥爭」導言上說：「反對階級鬥爭，傾向於議會鬥爭，主張採用合法手段，將普選權視爲最銳利的武器中的一件武器。」㉖

馬、恩的策略雖有若干不同，但不論馬克斯的暴力路線或恩格斯的議會路線，以後都發展成共產黨人的鬥爭策略，而融合了一套更利害、更狠毒的「高潮低潮」鬥爭策略，且被視爲一件法寶，準備用來赤化世界，走向共產主義社會。所謂「高潮」，指革命力量強大，革命環境對自己有利時，其鬥爭策略是：運用武裝力量，發動戰爭，進行暴動、總罷工、大規模群衆運動等，交替整體運用，通常在奪權運動或推翻現有政體之前夜使用之。此時還配合戰鬥性、刺激性、煽動性和火藥性的口號，徹底掌控並利用外圍份子（指除共黨以外其他黨派、民主同盟、工會、學會、個人等）。

所謂「低潮」，指革命力量較弱，革命環境不利時，其鬥爭策略是：運用地下組織，合法團體及經由合法可以掩護的非法組織，進行可能程度內的群衆運動，議會鬥爭，局部罷工或怠工等。此時配合的口號，通常用和平、民主、自由、麵包、人權、反迫害等，穿上一件美麗的外衣，以欺騙世人。後來毛澤東及其他共黨的「兩手策略」，便由此衍生而來。

從這一百多年的共產主義發展史看來，共產主義的「策略」是一套極佳的「生存學、鬥爭學、謀略學」，是「叢林生存寶典」，尤其「高潮」和「低潮」的交互運用，焉有不能達成之目標。吾人所要質疑的，是這些「活動」到底是人類社會的常態、特例或變態呢？打開中外歷史，這些鬥法（革命、造反）不是每代都有嗎？二〇〇四年台獨陳水扁、邱義仁等設計的「三一九槍擊案」，大家怪他們篡竊國柄，這不就是二千多年前，呂不韋用過的「瞞天過海」之計嗎？也叫「竊鼎計」，後來的三十六計之首計啊！策略大家都在用，看誰高明？中共和台獨都用的純熟，國民黨人在這方面差的很多。

陸、我對共產主義的根本看法

現在世人對共產主義視如猛虎，人見人怕；又當成過街老鼠，人人喊打，凡此皆未見共產主義之本質和眞相。我以爲共產主義仍是人類最後求生存的「寶貝」，但非現在，時機未到，最少要五十年後，這不是「預言」，而是「預測」。原因如下：

第一、資本主義和民主政治（二者爲一體兩面物，又似不能分割的連體嬰，生死都在一起）發展到廿一世紀上半葉，必然形成所謂「M 型社會」，這在英、美、日等

「先進」國家已是不可逆回的大勢，發展到廿一世紀中期，這種社會形態必然被多數人丟棄。一個很簡單的道理，資本主義和民主政治的社會形態都以進化論爲核心本質，美其名曰「自由競爭」，事實則爲「業林競爭」，最後的結果，全社會的財富集中在百分之三的資本家中，其他的九十七成都是窮人。一種制度壽終正寢，必有另一種制度取代。共產主義（初級稱社會主義）是唯一可以取代者，因爲九十七成的人會願意。

第二、爲挽救地球毀滅的原因，人類只有回到共產主義社會，這是環保的理由。資本主義和民主政治社會的經濟思想，鼓勵消費（爲刺激生產），提高市場佔有率，結果是地球資源被無限制耗費，改變了地球氣候，天大的災難來了。以美國爲例，人口佔全球百分之二，但美國人的生活形態所耗費掉的資源更是全球的百分之四十，這是多可怕，又多不公平。科學家估算過，全球六十億人口如果都過美式民主生活，地球只能維持十五年便「垮」了。

怎樣救地球（是救全人類）？行共產主義或初級社會主義，生產和消費都受到控制，富人再富也不能過度浪費，窮人再窮也能有起碼的生活。但此刻，百分之九十九點九的人想不到這些，因爲「未到黃河」，災難未到全面撲來，眼前日子能過，何必想那麼多，多數人如此。

第三、不論馬恩、列寧或毛澤東的共產主義，都有高度的「策略性」，最適合鬥爭、分化、打壓異己、奪權和掠奪地盤。策略這種「東西」，只有勝敗存亡之道，沒有仁義道德之說（若有，也是策略之用），所以有人說：「共產黨是大規模的民進黨，而民進黨是小規模的共產黨。」國民黨盡碰到這些對手，「天亡我也！」

共產主義的策略性本質，有助於他的存活和發展，也有利於面對大災難。當資本主義和民主政治把地球快要搞垮之際，共產主義（社會主義）會出來收拾殘局；從另一個面向解釋，是人們的需要，他才有流行的機會。

第四、我預測社會主義到廿一世紀中葉，或共產主義到本世紀末葉會再流行，依然是有「前提」的，既不是「馬恩或列寧式」的，而是各國（或地區）依其不同文化背景有不同形態。例如在中國則是「中國式」社會主義或共產主義，其他地方亦同。這道理也簡單，馬列共產主義不被中國人接受，但「中國式社會主義」則可，關鍵在「中國」二字，必須合於中國人的歷史文化，合於炎黃子孫的生活方式和味口，就能被中國人接受。而不是甚麼「主義」，到那時，所謂的社會主義不過是一套生活方式。

這裡說到馬列式共產主義不能通行於中國，反思現在台灣這些台獨份子，陳水扁、游錫堃、蘇貞昌、辜寬敏、李登輝、呂秀蓮等，還有那些追隨吃香喝辣的機會主義者，搞台獨分離主義不被接受的道理亦同，他們共同點是「非中國的」，非中國而搞「去中國化」，那有成功的機會。如同五胡十六國、三國和民初的軍閥割據，亂一陣子，搞些銀子，終究要結束。

第五、合法性（Legitimacy）。世間事物要可長可久，多少和合法性有直接關係。王永慶有三個老婆可以，你有兩個而已卻是不行，也和合法性有關（注意!合法Legality和合法性不同，合法的事不一定有合法性，例如依合法程序通過「台灣國憲法」，但沒有合法性）。一個中國有合法性基礎，兩個中國（或台獨）便失去了合法性。以上說明為「合法性」下定義，為衆人所認為天經地義的事。

在中國這個五千年的大舞台上，何謂「合法」？何謂「合法性」？早已經過千年的時間「認證」；反之，非法或沒有合法性的事物亦然。從古到今，一個中國，統一的中國是有合法性的，天經地義的；反之，分離主義或台獨思想是非法的，不被接受的。

延伸到其他亦同，「中國的」是有合法性基礎，合於中國歷史文化則受到華夏子民歡迎；反之，「馬恩或馬列」式，台獨或獨台，都是非法的，沒有合法性基礎，不可能被接受。

柒、結　語

一九五七年，美國律師公會曾針對國際共黨問題，做了一次研究報告，內容說：「今日共黨的最大資本，不是氫彈，也不是蘇聯及其附庸國家，而是自由世界對共黨戰略與策略的無知無識。」㉗眞是一針見血之言，試看列寧之所取得政權，毛澤東之能從延安土洞中死灰復燃，進而竊佔大陸，危害全人類，這道理何在？並非共黨武器火力強大，也不是他的軍隊多高明，更不是共產主義能被中國人或全人類所接受，而是這一套鬥爭策略：唯物辯證法↓製造矛盾↓質量互變↓否定之否定↓暴力鬥爭↓議會鬥爭↓消滅敵人，奪取政權。這不是一條走向天堂的路，而是一條走向「消滅對手、奪取政權」的成功路。

在十九世紀，馬恩先描述了一塊甜餅：共同生產，共同財產，各盡所能，各取所需，完全平等；用他的策略設計一輛冷氣巴士，企圖把人騙上車。百餘年來，有無數的人上車了，但一直尚未開到目的地，沒有吃到甜餅，就先被餓死在車上，無人能收屍。爲甚麼這種結局，因緣不足嗎？

但共產主義社會似乎仍是人們最後的理想，當東歐共黨國家一個個轉型成民主國家，中國改革開放後崛起的必然，都讓人覺得共產主義已被揚棄。才不，當以資本主義爲核心價値的民主政治，尤其美式民主政治，尤其美式民主政治如恐龍般向全球擴散掠奪，發展到極致「M型社會」出現，許多思想家預測，這種政治制度將在廿一世紀內被人類全面丟棄。

到那時，共產主義或稱社會主義吧！又將被人們接受。馬克斯、恩格斯的預言，還是對了。但世間沒有任何事情「永遠都對」，二十世紀民主政治是對的，有一半的人認爲共產主義也對。到廿一世紀初社會主義又有了「市場」，到中葉過後，又會成爲「流行」，那時你不懂社會主義，眞是「遜斃」了。

註釋

①馬克斯是生於普魯士的猶太人，在那個時代的猶太人是被迫害、被歧視的對象。馬克斯無力扭轉此一命運，造成偏狹的性格，爲當時各國所不歡迎，一八四五年曾一度變成無國籍的遊民，一八四九年亡命英倫，直到一八八三年三月十四日逝世。恩格斯一生致力國際共黨運動及整理馬克斯遺稿，以爲馬克斯服務爲榮，兩人思想一致，故講「馬克斯主義」可以包括恩格斯的思想。但在策略上仍有不同，本文稍後述之。

②參閱七十三年十二月世界反共聯盟中華民國分會暨亞洲太平洋反共聯盟中華民國總會編著「世界各國共黨現況簡析」頁一—頁二十。
③參閱王師克儉先生著「列寧主義析論」頁八十三，七十三年三月黎明文化事業公司。
④五十九年二月關素質著「共黨策略及對策研究」，政戰學校版，頁六。
⑤同註釋④頁七。
⑥同註釋③頁六十二。
⑦恩格斯，反杜林論，頁一二三。另見七十三年七月國防部編「共黨理論批判」，頁五九。
⑧同註釋⑦頁六十。
⑨同註釋⑦，頁六十一。
⑩馬克斯，哲學的貧困（上海：解放社，一九四九年十一月），頁一四六—七。另見七十三年七月國防部編「共黨理論批判」，頁六十一。
⑪七十三年七月國防部編「共黨理論批判」，頁五七。
⑫本文引自「共產黨宣言」的註記，見馬克斯、恩格斯選集第一卷，第二五〇頁。根據註記的說明，本註記是恩格斯在一八八八年英文版上加的註。另見王師克儉先生著「列寧主義析論」頁五六，七十三年五月黎明出版公司。

⑬同註釋⑫。

⑭馬克斯、恩格斯「共產黨宣言」，前揭書，第一卷，頁二六四。另參王師克儉先生著「列寧主義析論」頁五七。

⑮馬克斯、恩格斯「共黨宣言」，前揭書，頁二八五。另參王師克儉先生著「列寧主義析論」頁五九。

⑯馬克斯，「政治經濟的形而上學」，馬、恩選集，前揭書，卷一，頁一五九。另見王師克儉先生著「列寧主義析論」，頁八三。七十三年五月黎明公司。

⑰恩格斯，「法德農民問題」，馬、恩選集，前揭書，卷四，頁二九五—二九六。另見王師克儉先生著「列寧主義析論」頁八七。七十三年五月黎明公司。

⑱同註釋⑰。

⑲同註釋⑰。

⑳「馬克斯主義之演變及被利用」原名 WHY MARXISM? The Continuing Success of a Tailed Theory, by Robert G. Wesson London, 1976。中譯本，淦克超，七十一年六月再版，黎明公司.;「兩種馬克斯主義」原名 The Two Marxism, by Alvin W. Gouldner—Printed in 1980, by Seabury Press, New York，中譯本，黃天榮，七十三年六月政治作戰學校譯印。

㉑同註釋⑳，中譯本「兩種馬克斯主義」，頁三三〇。

㉒同註釋⑳，中譯本「兩種馬克斯主義」，頁三三一。
㉓同註釋⑳，中譯本「兩種馬克斯主義」，頁三三二—三三二，及中譯本「馬克斯主義之演變及被利用」，頁三三。
㉔同註釋⑳，中譯本「馬克斯主義之演變及被利用」，頁三四。
㉕同註釋⑳，本段參閱中譯本「馬克斯主義之演變及被利用」，頁三四—三五。
㉖七十三年七月國防部印「共黨理論批判」，頁一三。
㉗五十九年二月，關素質著，「共黨策略及對策研究」，頁一，政戰學校印。

第四篇　春秋典型

△從春秋的高度提筆——賞析老友范揚松教授詩集「青春拼圖」

△為挽救國魂之「沉淪」找尋一位當代典範人物：孫大公的精忠報國歷程與反思

△詩品與人品——我讀詩人金筑「飛絮風華」詩集

△懷念一名自豪的炎黃子孫周興春並向他學習怎樣面對死亡

△李翹：「化敵為我，以謀止戰」陳福成、黃驗對談小說「釜底抽薪」

從春秋的高度提筆
——賞析老友范揚松教授詩集「青春拼圖」

壹、解題

為甚麼把詩人范揚松的半生創作至今出版的「青春拼圖」詩集，定位在春秋的高度？這要從「春秋」說起。孔子成春秋後，有為春秋作傳者，最有名的是左傳、公羊傳和穀梁傳，歷史上已有許多研究。綜合各家之說，所謂「春秋」在彰顯下列四項內涵：

㈠民本禮治是社會的迫切需要：民本是統治階層看待人民的基本思維，人民是國家社會的根本基礎，而「禮」是國家社會人際運作的基本秩序，不可偏廢。

㈡仁政、統一和反侵略是中國政治思想的核心價值：仁政是國家施政的核心思維（含民本、民治、民主都不能脫離仁的價值觀），統一是指中國的和平繁榮建立在統一的基礎上，分離主義必導致動亂戰爭。反侵略是中國之立國精神，不侵略他國，若被侵略也能奮起反抗。

㈢發揚論語中的仁義道德人倫思想：當然包括忠孝節義精神，這些是社會永恆的價值。若這些價值流失，則政治和社會，乃至家庭，必趨於腐敗、墮落，終至解體。

㈣對統治者的權力恆持監督批判的態度：這就是「太史公」精神，「董狐」之筆。凡有違反春秋之義者，秉筆直書，以警統治階層及世人。

合以四大內涵即稱「春秋大義」或「春秋正義」，這種正義價值決定中國歷史文化的流向，凡是違背這個流向的統治階層或論述，都會受到嚴厲的歷史批判。故有所謂「孔子成春秋而亂臣賊子懼」，誰是「亂臣賊子」？不外貪污腐敗、玩弄權力、罔顧民生及篡竊者流。這些亂臣賊子的行爲，違反了前面春秋內涵。

貳、詩人成長與文學創作的春秋背景

老友詩人范楊松博士，也是兩岸企業顧問經營名家、澳洲南昆士蘭大學MBA學程教授，大人物知識管理集團暨領袖標竿學院院長。在他衆多各領域著作中，在文學方面，尤其現代詩的耕耘，至即將出版的這本「青春拼圖」，這一路下來的核心思想，爲甚麼定位在春秋的高度呢？我要從詩人的成長和創作的背景來追蹤，爲讀者朋友們剖析他的心路歷程。

詩人楊松十一歲時，曾在暗黃燈下，杜撰祖父抗日義行，捕圖十幅，約三千字。請注意！十一歲的小朋友，怎知日本人侵華侵台是「不義」的惡行？又怎會以他祖父爲角色發揚打日本鬼子的「義行」，春秋正義能成爲人民的「生活」，內化在小朋友的認知中，必有其家族源流之背景。

後來詩人長大，二十歲考取政大企管系，加入長廊詩社，開始閱讀陳健夫「新儒家」相關著作。廿一歲以「黃帝」一詩獲全校創作首獎，同時「尼山禮讚」獲香港孔聖堂徵詩第一名。廿三歲時，長詩「永遠的旗幟」獲十六屆國軍文藝長詩銀像獎，并由黎明出版社出版成書；隔兩年，「風雪大辯論」又獲十八屆國軍文藝長詩組銅像獎，又次年（民七十二）榮膺全國優秀青年詩人獎，七十三年長詩「太史公曰」發表在葡萄園詩刊，詩中：

如我此刻，溫習著
孔丘的春秋大義，朗讀

詩經的興觀群怨，歷經
無數時序的編校之後
……
一隻熟悉的身影，背負典籍
緩緩前進，幾乎叫人驚悸
那是孔丘，抑或父親的影子……

此刻，詩人的筆落在春秋的高度，「身爲史筆，能不驚覺／他們走過歷史道途的眞義／巍峨的典型，不時浮現／我爲之立現，爲之抗辯／猶如我的堅決，而留下亙古／戮記，作爲一名史筆的……」

這一路追蹤，詩人從童年、青年到現在的壯年，始終站在春秋正義的高度，與廣大的人民群衆站在一起，批判腐敗、不義等罪行，尤其公元二千年後的不法政權，詩人不僅站在春秋的高度，且增強對篡竊者的批判力道。

參、以春秋史詩制裁不法政權的魑魅魍魎

公元二〇〇〇年臺灣政權輪替，本以爲一向標榜「清廉執政」的獨派上台，可以讓政壇有一番新氣象，沒想到腐敗速度之快，貪污之嚴重，吃相之難看，史無前例，眞是叫人痛心啊！詩人透過詩的張力，展現對無恥政客深刻的批判力：

政客與蕭條是歲末年初，相互
糾纏取暖又相互咬噬的雙頭蛇
潛伏在每個政客虛矯身段裡
瘟疫般，腐蝕著期望的眼神
表情僵硬，仍儼然作之君作之師
巨大魅影如乾冷氣團籠罩全台
那蛇蠍逕自五臟六腑，愴惶竄出

〈春光乍現——記二〇〇一蛇年之初〉

以上「蛇蠍」、「魅影」、「瘟疫」、「雙頭蛇」等，指的正是政權輪替後的獨派執政者，是人民的瘟疫，是台灣社會的蛇蠍。吾人稱這種政權爲「不法政權」，因爲失去「合法性」的支持。中國歷史上有氣節的史官，面對這種統治者，都能不顧性命，秉筆直書。到二〇〇一年「五二〇新政府週年誌」，詩人再提春秋之筆。

聲嘶力竭的戲碼，懸掛「羅生門」
招牌，卻在慾望洶湧中搖搖欲墜
臣服與背叛的劇本，依然脫線演出
潘朵拉寶盒裡，個個展現妖魔身段

〈聽見，夏天在唱歌〉

詩中的「羅生門」，直指「三一九槍擊案」，靠這種方法拿下政權，台灣社會焉有不亂？所以從那時開始，政壇上或社會上個個展現妖魔身段，不知人民何時覺醒？不知人民眼睛可是雪亮的？

肆、與人民站在一起為人民寫史詩

不法政權的貪污腐敗到二〇〇六年達到頂點，人民眼睛所見，不僅整個領導階層成爲貪污洗錢中心，就是第一家庭、第一親家的成員，也都公然利用權力到處搞錢，這時人民的怒吼也達到準點。詩人提筆：

九月秋決，刺刀下的憤懣如熔岩
等待號角，等待爆發，等待迸濺
焚向凱達格蘭，焚毀藍天綠地
出草啊出草，將魍魎殘破的頭顱
擊向當權派，因爲世界不甘走到盡頭

〈當世界走向盡頭——詩援百萬人民倒扁運動〉

詩人爲詩註作，寫於二〇〇六年八月二十日，自電視台及晚報知悉軍警將以六千具刺刀拒馬對付百萬倒扁群衆，心中頓然義憤塡膺，奮筆提詩，盼爲貪腐政權留下可恥記錄。筆者還記得，「天下圍攻」前一晚（十月九日），我和楊松兄、台客兄，在火車站的倒扁總部台上朗誦詩歌，情緒昂揚，事後詩人有詩追述：

等待——拉滿一張弦，喉音迸裂
射出，箭般擊向危顫顫的高樓
鑼鈸的躁鬱，將夜色敲得驚心
一字一句，連悉撲進紅紅焰火
燃燒的意象，灰燼埋有火種

紅花祭——記葡社詩友登台朗誦

那晚，我們在台上吶喊，發射心中的不平，以詩句爲彈藥，射向腐敗墮落的統治者。當然，古今中外的暴君不會因人民的吶喊就自動下台的，但至少給已經成爲「洗錢中心」的扁政府顏色看看，人民也是不好惹的，連詩人作家都上街頭了，是已經敲響了貪腐不法政權的喪鐘。

在「紅花祭」的季節裡，詩人始終提其春秋之筆，與人民站在一起批判貪腐政權。在「以圍城之名：擬攜妻兒參與天下圍攻」一詩：「有人盤據貪腐王國，恣意掠奪財寶／有人在利誘下踩爛貞操，叫賣靈肉」。把被人民痛恨的不法政權，以筆爲刀，在陽光下剖析，讓人民看清貪腐的眞相。

伍、詩人的寫作風格、意象、語法及旋律等之賞析

我在寫「江湖夜雨十年燈：評詩人范揚松近十年作品」（一九九一～二〇〇一）時，提到范詩屬「正常語法」，想像力豐富，旋律感較弱（該文見葡萄園詩刊，一五三期，民國九十一年，春季號）。但後來詩人寫有不少批判貪腐不法政權的詩文，旋律感顯得明快緊湊，這可能是激情昂揚的關係。

以讀者的角度欣賞范詩，吾人以爲「意象」的經營是詩人最大的特色。「江湖夜雨十年燈」一文中，筆者曾解析詩人常用的八大意象，是燈、光影、碑、山、年輪、酒、鬼和愛。近年對貪腐政權的批判，使用頗多「魍魎、蛇蠍、魅影、雙頭蛇、妖魔」，均意象鮮明而引人可怖，如「五二〇新政府周年誌」：

爆裂爲猙獰的火山，刀劍閃閃

恣肆揮舞，在春夏雜交之際
刀鋒邊緣，魍魎身影自鋼索上
竄逃……

詩人光是意象的運用，足以把貪腐政權打入十八層地獄，永世不得翻身，這就是春秋正義的力量。「董狐之筆」的氣節。而這種氣節，也正是老友范楊松寫作、為人和經營事業團隊的風格，能不為文禮贊乎？

陸、結　語

「青春拼圖」是老友范楊松教授出版的第四本現代詩集，前三本依序是「俠的身世」（一九八〇）、「帶你走過大地」（一九八三）、「木偶劇團」（一九九〇）。我一路讀下來，發現詩人的「春秋高度」有愈來愈高的趨勢，是不是我們所面對的時局愈來愈不可為？統治階層愈來愈腐敗墮落！人民的痛苦日愈加深！社會日愈「叢林化」……「史記」卷十五，太史公曰：「國之將亡，必有妖孽，賢人隱，而亂臣貴。」這不就是我們所看到台灣社會的現狀嗎？每日只見一批亂臣賊子篡竊者，在朝廷之上張牙舞爪，顛倒是非，迫害忠良……洗錢搞錢，光天化日搞，偷偷摸摸搞。

對此，首先感到憂心的是中國傳統知識份子，「先天下之憂而憂、後天下之樂而樂」那份心懷，在他的第三本詩集「木偶劇團」序詩：請你讀我「也許是我學俠學儒後，脈絡中／埋伏的濤濤血統與悲情」，這不就是最原始的「證據」嗎？再者，詩人是所有各類型作家中，最有「眞性情」的一批人。孟瑤曾說：「詩人沒有眞性情，何得稱之爲詩人？」曾獲諾貝爾文學獎的法國文豪紀德也認爲，眞誠是文學、道德和爲人的最高守則。這也難怪詩人的「春秋高度」愈來愈高。

人生能有一位俠者、儒者且永遠心懷春秋正義的朋友，何嘗不是身爲老友的我，感受到另一種圓滿和收穫。

欲與俠者、儒者爲伍爲友，請讀「青春拼圖」；想聽亂世忠言和正義詩情者，也請品賞「青春拼圖」。

為挽救「國魂」之沉淪找尋一位當代典範人物

——孫大公的精忠報國歷程與反思

正當以陳水扁爲首的台灣獨派執政者，喪盡天良的把「中華民國」這塊招牌砸碎砸爛，以人民爲肥美鮮肉大口啃吞。再以「去中國化」使美麗之島「沙漠化」，導致現在島內的人，不知民族氣節是啥！不懂春秋大義爲何物！不懂仁義道德是「蝦米」！

這個國家正在沉淪！墮落，爲官從軍乃至一般人，以鬥爭謀利爲正常，以作弊作假爲競爭之常態（因３１９槍擊便是這樣贏的）。傷哉！國家不能就此沉淪下去，我欲找一位「典範」來喚醒國魂，初想到文天祥、岳飛，又想到那也許離我們太遠。應該找一位「活生生」的當代人物，正好筆者手上有「孫大公精忠報國事績」，檢驗孫大公一生行誼與思想上的堅持，正是本刊所欲探求之典範。故爲文誌之，望能喚醒我們的國魂，或爲反思之教材。

壹、放棄留美，請纓就讀黃埔軍校廿八期

孫大公，浙江杭州人，民國廿一年十一月廿四日生。一九四九年山河變色之際，他正好是十七歲的少年。或許動盪的年代使人早熟吧！高中畢業的他，心中所想已和常人不同，據他後來回憶，刊在民國四十八年九月十五日的「黃埔週報」有一段話說：

我下定決心投筆從戎是五年以前的事了。

遠在八年以前，當我高中畢業的時候，我面臨了選擇投考大學科系的難題，我考慮著：「我應該學什麼，才能對國家有多一分的貢獻？」我記得 國父曾經說過建設最重要，而建設之中又以土木工程爲最基本。所以考慮的結果我選擇了土木工程作爲我報國的途徑。很幸運的，我順利地在台北工專畢了業，習得了一點可以爲國效勞的技術，本來想在預備軍官訓練班畢業以後便加入土木界服務的，可是就在預訓班受訓的期間，我開始對土木工程這一門，是否能在目前反共抗俄的時期產生最積極的作用，起了懷疑。

我想，現在我們的首務在保衛台灣，自求生存，進而收復大陸，解救被奴役的同胞。那末，土木工程還不能算是最積極的救國手段，而比此更積極的又是什麼?思之再三，祇有軍事。可是不幸得很，我一向厭惡戰爭。

對一個高中生而言，這是多麼成熟而直接的思維，又是多麼讓人敬佩的志向。果然他從台北工專畢業後，服完預官役，原已考取美國維吉尼亞軍校，還獲史丹佛大學獎學金，又全都放棄轉而申請就讀我陸軍官校。這是民國四十四年七月間國內最熱門的新聞，軍聞社也有如下報導：

【軍聞社高雄四日電】陸軍官校改制以後，進步的教育設施和新穎的教授方法，已引起全國有志青年普遍熱烈的嚮往。該校本年度招生委員會，連日來接獲各地區青年寄來之大量函件，申請報考，該校招生委員會業已令飭各地區招生辦事處，分別詳細答覆。據悉：申請報考之青年中，有去年自該校預訓班第二期畢業名列第二之大專畢業生孫大公。孫大公原畢業於臺北省立工業專科學校，且曾於年初考取美國維吉尼亞軍校深造，惟因嚮往陸軍官校改制以後的新穎教學法及傳統光輝的革命歷史，較之美國西點軍校實有過之無不及，故改變其赴美意願，致函校長謝肇齊少將，申請報考該校。謝校長對於孫大公此種報國熱忱，至感欣慰，已於今日覆函表示嘉勉與歡迎之意。

前面講到這位年青人最厭惡戰爭，但爲挽回國家民族的劫運，放棄個人的高薪事業（台北工專是當時的金飯碗），投身黃埔軍校。孫大公有一段回憶談到，「我不入地獄，誰入地獄？」的觀感，幹軍人雖不是下地獄，然而他們的犧牲、無我精神是毫無差別的。他如願，成爲一個允文允武的軍校生，爲陸軍官校廿八期。

貳、江東孫權之後的廿八期孫大公同學

孫大公正式成爲黃埔廿八期的新生，他是很「特別」的學生。首先，他是大專畢業，服完預官役之後，才從陸官一年級新生開始讀起，年齡上比同學們「虛長」幾歲。其次，像他這種放著大好前途（賺大錢的機會）不要，去幹軍人實在是當時社會的唯一。那麼，他在陸官校的學生時代是否也受到特別待遇呢？民國四十六年九月十六日的黃埔週報有一篇關於他的報導，「値得敬佩的孫大公同學」：

江東孫權之後的二十八期學生孫大公，有一段頗不平凡的來歷；他曾是大專畢業後接受過本校預備軍官訓練的正式預備軍官，并且預訓班畢業後，已有著待遇優厚的職業，可是他把它們一概輕輕地摒棄了，折回頭來投進了本校二十八期做學生，或以爲這簡直是「開倒車」，其實卻大大地不然！

這位到今年十一月二十四日始滿二十五歲的優秀青年，浙江杭州產，器宇軒昂，氣度恢宏。民國四十三年，當他畢業於台北工專後，奉召參加本校預訓班第二期受訓，是時本校正進行改制，光榮的黃埔傳統，注入了新的時代精神，頗呈一片蓬勃氣象，他不禁爲之暗暗稱羨。翌年預訓班畢業，應聘母校（工專）任助教兼軍訓教官；可是他已經再也無法忘記這塊座落在南台灣的革命聖地——黃埔軍校。他想：「工程」救國，終不及「從軍」報國來得積極，特別是在今天；於是他毅然放棄了他那份本極愜意的差事，上書請纓參加了本校二十八期。世間原有許多不可思議的事；然如審察其動機，依然可以評定它的價值；孫同學爲了獻身神聖的革命，不計其過去學經歷，甘願從頭做起，這種精神使我們無以名之，祇有搬出「偉大」二字來形容了。

入校兩年的他，憑著過去的良好基礎，其功課自不言而喻，可貴的是他毫不以此自足，每在學業上作更深的鑽研，行更廣泛的涉獵，同時在他與同學們的相處中，也從未顯示一點「老資格」的味道，完全打成一片，因此他的人緣極好，他認爲一個人誇耀其「想當年」是最無聊不過的！

他熱心公益，上學期自訂了一份英文中國郵報，贈於連中山室供大家閱讀。他的個性應屬於較活躍的一型；課餘喜歡踢足球，週末照例參加音樂欣賞會；假期則一竿在手忘我於垂釣之中。

孫大公過了四年軍校生活，畢業時以總成績第二名，榮獲先總統　蔣公親頒績學獎章，並由陸總部保送美國裝甲兵學校接受初級班教育。

回國後，分發裝甲師擔任排長。孫大公回憶當時，很多工專同學碰到時開玩笑說，「優薪高祿的工程師不幹，卻偏要鑽進裝甲車裡受罪，簡直是瘋狂傻透。」孫同學（已是排長了）的回應不得不讓人佩服，他表示「寧棄金飯碗」也是爲國家民族長遠之計，「如在敵人砲火下，豈能安得廣廈千萬間來照顧人民大衆？唯有築起國防長城後，國民的安全和幸福，才獲得保障。」聽了這番話，你才能了解這個年青人爲甚麼當初放著工程師不幹，跑去當兵的道理。

參、中華民國第一位碩士營長到「孫老師」

民國五十年秋天，孫大公再度成爲第一屆國防公費留學生，保送美國印地安那州的普度大學研究院土木系深造。更受到當時警備總司令，曾任國防部長黃杰將軍的賞識和嘉許，破例允作出國進修保證人。

進了普大不久，孫大公被推選爲「普大中國同學會主席」，他不但努力吸取新知，也積極投入中國同學會的服務工作，以及與當地僑胞密切聯繫，不放鬆任何機會，致力於國民外交工作。在民國五十二年五月五日的中央日報「普大零縑」報導：

本校研究院土木系孫大公同學素來對國民外交工作非常熱心，最近曾以國旗一面，全國及臺灣之立體地圖各一幅贈送學校，由校長代表接受。其於贈送儀式中致詞，希冀能藉此增進中、美兩國間之友誼與瞭解，同時也表示中國同學對學校的一種敬意。（耀）

孫大公老師（中坐）與他教過的學生，站立者左起：張哲豪、周立勇、虞義輝、盧志德、周小強、陳家祥、陳福成（本書作者）、高立興、解定國。95年4月23日攝於台北・天成飯店。

從這些零星報導，得知孫大公這個人，活潑、熱情，誠實和愛國是很重要「本我」特質，且私心很低，凡事先想到國家民族。他在普大研究所，曾修「空照研判地質」，它是一門高度科學的新課程，教學生如何從一張空中攝取的地球或其他星球的地面照片上研判，就可知道其地質的組成情形。他說：人類尚未登陸月球前，美國就是先用這類方法，研判月球上的地質。目前，它已更廣泛的被採用於國防軍事、農業、工業礦產、與太空採樣等方面。

學成歸國，孫碩士即回到母校執教；由講師、連長、副教授、預備學生班教務主任，學生營營長以迄調任土木系主任；數度當選爲官校優良教師，並爲長官器重，學生愛戴的典型幹部。

孫大公在民國五十七年成爲我國建軍史上，第一位碩士營長，文武全才的軍人。結束營長職務後，孫大公有很長一段時間，在陸軍官校作育英才，完全地成爲一位「孫老師」。當他的台北工專同學們一個個發大財、當大官，孫大公仍靜靜的，默默的當「孫老師」，他早已桃李滿天下，直到限期屆滿退伍，當一名平民百姓，仍不時提筆爲文，他熱愛國家民族，堅守民族大義的堅定立場，不因年長而減弱。

肆、給蔣經國伯父的一封信

孫大公對國家、社會的關心，也表現在許多方面，如改善選舉風氣，揪出貪官污吏等。一九八〇年代，薩爾瓦多內亂，孫大公還寫信給當時美國總統雷根（Ronald Reagan），談評定內亂的經驗。筆者手中各種資料有一份較特別的信，寫給時任總統的蔣經國先生，全文刊出。

伯父鈞鑒：

在我國近代史上，繼國父　孫中山先生及先總統　蔣公之後，您將會佔有非常輝煌的一頁，因爲這些年來中華民國在您領導之下所發展的民主、繁榮、安定、茁壯是有目共睹舉世所欽的，也都是中華道統和三民主義的具體表現，連中共也不得不低頭認錯要向台灣學習了！

時常，您會講些意義深遠的小故事給大家聽，使社會大眾在思想上、生活上受到您的薰陶，而達到潛移默化之效，這是非常了不起的一種王道教育方法。可是，今天在報上拜讀了您昨日在中常會講的兩個故事，不由得要向您報告點我不成熟的感想，就是：

第一個故事——可能有損您偉大的形象。

第二個故事——可能助長大眾不法的思想。

謹簡略說明如下：

第一個故事裡面的「自己駕車」表示您「平易、隨和、實幹的精神」；給「外國人搭便車」表示中國人「仁愛好客的美德」。但是，收取外國人的小費，並用以理髮之舉卻不太切合您的身份，可能會破壞了您偉大的形象。

第二個故事您和伯母去戲院看電影是「與民同樂」；排隊買票是「守法」和

「不享特權」。給大眾的形象是完美的領導人，都從心底裡向您發出認同感。可是，黃牛來賣票因爲是熟人，就沒有檢舉，給人的印象是重「情」甚於重「法」；接受黃牛的戲票餽贈則更肯定了「不法」的可以存在。因此社會大眾在一種模仿偉人的心理推動下，就可能不知不覺做出「重人情」、「輕法律」的事了。

當然，伯父您一向是講求誠實的，所以自己就坦坦誠誠地把故事說了出來，可是有時爲了達到更大的教育效果，也許稍稍調整一點情節也是良心所允許的，侄不敏，試擬故事結局數則，不知是否允當？

一、第一個故事

……外國人連聲道謝，還要給我小費。

1.我笑著向他搖搖手，告訴他「助人爲快樂之本」是我們中國人做人的信條。或2.我正要拒絕，忽然看見車前不遠處有個清道夫在掃馬路，靈機一動就拿他的錢給了清道夫，外國人先是一愣，然後頻頻豎起大姆指說：「好！好！」。

二、第二個故事

……「蔣先生，我請客！我請客！」我當場拒絕了他的好意，告訴他我還是應排隊買票，同時勸告他不要再做這種違警亂紀的事了。

這樣的收尾雖然可增強教育大眾的效果，可是稍嫌官式化了一點，不過權衡影響的深遠，只有作此野人獻曝之舉了，尚祈見宥。耑此　恭頌

政躬康泰！國泰民安！

愚侄　孫大公叩上

民七十四年二月十四日

以上這封信中，孫大公為何稱蔣經國為「伯父」，是因為他父親和蔣經國是朋友，而他自己和蔣孝文是好友兼同學。本文想要推薦給當代人者，是一位平凡平實的孫大公，且其一生行誼亦如其「大公」之名，把自己完全奉獻給他熱愛的國家民族，正是所謂「正其誼不謀其利，明其道不計其功」也。蔣經國貴為國家元首，但孫大公認為蔣先生的行誼有若干不妥之處，就毅然提筆，貢獻出他認為正確的做法。孫大公就是這樣一個人，忠誠直爽，從小到大，以一顆赤誠忠膽獻給他熱愛的國家。

伍、結論——心中懸念仍是國家前途

現在的孫大公早已「退出江湖」，照理說是不顧塵世之事，安度其清靜無爲的退休生活。但他一顆心仍掛念國事，尤以兩岸中國人的團結，今年（九十五）初夏，他致書筆者，呼籲兩岸中國人千萬不可忘記「南京大屠殺事件」。若忘了就會再遭受另一次大屠殺（見華夏春秋第四期，二〇〇六年七月）。最近以來，他眼見整個「不法政權」的台獨僞執政團隊竟成爲「貪污腐敗集團」，駙馬趙建銘只是上層搞錢的工具。他再次來信，舒發內心感受。

福成學弟：

我當年熱血沸騰投筆從戎，爲的是保國衛民，只要國家富強，人民安樂，則於願已足！

可是退伍以後進入社會，發現貪污橫行，如不先清亂源，再多的軍隊也無濟於事，因此本著愛國初衷，凡遇不善之事即作反應。

前幾日清理舊資料發現有不少存底，現在我把有代表性的寄給你作爲參考，若有需要也可修改充作免費「春秋」來稿，但盼先知會我一聲。順頌

宏圖大展

孫大公 2006.5.3

總之，正當中華民國已給台灣獨派「消費、浪費」將盡之際，國魂沉淪，黨魂不振，軍魂掙扎，社會動盪。許多人活在水深火熱之中，更多的人日子過不下去，人民的「痛苦指數」不斷升高，而統治者依然傲慢腐敗，目前已面臨「天下即將結束」的命運。吾人尋覓到一位當代「典型」人物——孫大公。他一生堅持民族氣節，堅守民族大義，默默的把自己一生奉獻給國家，不求聞達於亂世，不謀私利於當局。只顧中國之和平、統一、富強和繁榮。

管子治國明訓「禮義廉恥，國之四維，四維不張，國乃滅亡」，也是中國古今治國之大道理。歐陽修釋之「禮義制人之六法，廉恥立人之大節；不廉則無所不取，不恥則無所不爲。」觀當今陳水扁那班人，盡是一批寡廉鮮恥之徒，各界痛罵「不要臉」之聲如排山倒海而來，卻依然不爲所動的賴在位子上。相對照於孫大公的清廉節操，

而那些貪官和竊國者，雖位高權重，來與孫大公「提鞋」也不夠格，貪污腐敗的竊國者終被丟入「歷史的灰燼中」，堅守民族大義者必有崇高的歷史地位。

對於這樣一位不同於「岳飛型」的精忠報國典範人物，他和我們生長在同一時代，對目前為官從軍之人，尤其當代青年，能是一位學習效法的對象，並能讓我們反思反省，如何才可正氣磅礴地屹立於天地之間，做一個堂堂正正的中國人。

人品與詩品

——我讀詩人金筑《飛絮風華》詩集

葡萄園詩刊金筑先生的第三本詩集《飛絮風華》出版了，詩壇各家紛紛品讀賞析，或許也有提其椽筆嚴厲批判者。在文學方面我從不寫很正式的評判文章，原因當然是自己的素養不足，再者是評判現代詩標準不一。所以我一向讀詩（不論傳統詩或現代詩），重點不放在「詩」，而在「人」，由詩來剖讀「人」的思想、心境等。

另一個讀「人」不讀「詩」的原因，是我個人粗淺的認爲，一切文學作品所寫的不外是一個「我」。儘管有的作家主張把「我」潛藏，只寫客觀世界的事務（如十九世紀法國寫實派佛祿拜爾），其實他所寫的還是客觀存在的「眞我」，他的偉大也在此。於是，當我受邀爲《飛絮風華》（以下簡稱飛書）寫一篇評文時，我依然維持我的愛好，透過「飛書」詩意剖讀金筑其人，並企圖賞析謝炯（金筑本名）老前輩「本我」的心境和思想。

壹、「飛書」全書掃描略述

「飛書」全書分三個子輯。第一輯「飛絮小品」有五十首短詩，內容上分四類。第一類感時，乃有感於人生已走到老年的慨歎有：逸去、萍聚、萍緣、支吾、再現等。爲數達三十五首最多。第二類鄉愁，思歸、連心、五月的康乃馨共三首。第三類情詩，有夜歌、吻的藝術、歸零、淺笑、髮泉、嬌嬈的唇、春的眸子、遊刃的愛，共八首。第四類是三首有關風景的詩。第二輯「上行之歌」，是由五十二節所組成的長詩歌，整體掃描一下，絕大多數屬正面積極的，也可分四類，第一類寫人生的昇華頓悟，有十三節；第二類愜意美滿的感受，有八節；第三類是期許勉勵，有廿二節；第四類是面對生命黃昏的感懷，有九節。第三輯「遠方的呼喚」有三十二首詩，也分四類，第一類人生境界的昇華（自由圓融、脫塵隱逸、空寂虛無），有壺中乾坤、遠方的呼吸、蓼莪新篇等，共十二首；第二類感時鄉愁，有十五首；第三類情詩，愛情接力馬拉松和花店二首；第四類應酬遊樂，西梅的琴韻、電玩等三首。若「上行之歌」每節也視同一首詩，則全書共有一百三十二首詩。其中對生命黃昏的感嘆和鄉愁最多，有六十二首，而「上行之歌」中有近五十首（節），是對人生正面價值的頌揚。再次情詩十首，末者有風景或玩樂數首。

貳、詩人在「飛書」中說甚麼？詩人內心世界的探索

按文曉村老師在「飛書」的序中說，金筑曾在十三年前（一九九三年）坦承自己「長時期在孤獨寂寞中生活」，他的詩也大多是「孤獨寂寞下的產物」。這本詩集的基調，則是藍天朗朗，歌聲悠揚，一掃孤獨寂寞的傷感。這從書名「飛絮風華」，便可略窺其一斑。以上是文老師對「現在」的金筑的解讀，文老師還舉「吻的藝術」等幾首詩爲「證據」。事實上是否如此？讓我進一步解析驗證吧！看看金筑前輩現在心中想甚麼？就從「飛書」的三輯依順序剖讀。「飛絮小品」頗多淡淡的愁，又有幾分飄逸的味道？

「你默默地走了／怯怯的／踏著影子」〈逸去〉「羊腸小路／如繩／將山影拴住了／拴不住的／思念」〈山上小徑〉「夕暉／映照著永遠年輕的回憶／烹飪

往事的料理」〈回溯〉「一大把／就是這一大把／抓緊著／再捨得放／也只是一大把」〈知命之年〉「生日快樂的歌聲中／燭光臨抹在牆壁上的身影／搖晃殘餘的節奏」〈生日蛋糕〉

就是這樣的，總感覺到「夕陽無限好，只是近黃昏」，連「生日蛋糕」都感到濃濃的傷情，這一輯詩人充滿著感傷、感時、感慨和懷念。當然，對二〇年代出生的金筑先生是應有的心境。情詩是這輯的次要重點，有八首可當情詩（狹義的男女情意）：〈吻的藝術〉、〈歸零〉、〈淺笑〉、〈髮泉〉、〈嬌嬈的唇〉、〈春的眸子〉、〈夜歌〉、〈遊刃的愛〉。這八首中，〈吻的藝術〉是一種感官經驗，「雄性」生物的共同感覺，情人間的「情味」則不足。而〈嬌嬈的唇〉和〈夜歌〉情味最濃，最能引起共鳴，若在戀愛中，把這兩首寄給她，「她」九成跑不掉了，想必這也是金筑先生的人生經驗之一吧！

在「上行之歌」輯，詩人已說是以老師身份，對每屆畢業生紀念册的題詩，當然只能表達砥礪鼓舞之意。少數幾節仍有淡淡的感傷，但終能圓滿結束，如第四二節「儘管／滄涼　苦澀　孤獨……／所有傷痕／皆能撫平」，大體上都合「上行」本旨。這裡是詩人最樂觀積極的一面。但這種樂觀積極有時是「作」出來的，因爲學生要看。

「遠方的呼喚」輯，據詩人自己所述，乃在歲月蒼蒼之年的奮發嚮往之作，要以年少初心舉翅向「遠方的呼喚」直奔。這個呼喚可能是詩人宗教信仰上的「主」或「天堂」，但顯然「直奔」是有氣無力的，這也和年歲有關。這輯有三十二首詩，深入剖讀詩人的內心世界，一半已走進老莊，一半是感時鄉愁，而愛情沒了，這如何能產生直奔的「動力」呢？試觀詩人的老莊世界景象：

「自由自在／圓融入／有我無我的眞境」〈壹中乾坤〉「融匯一氣　與天地共吐納／馭風而行　與萬化相冥合」〈蓬門〉「我撫摸自己／一片空茫／唉　連空茫都沒了／我是寂寞　孤獨／寂寞　孤獨也沒有了」〈虛無〉「堤岸上　一片／空　冷　寂」〈空冷的淡水河〉。

其他如〈樹的哲思〉、〈壺底洞天〉等，都有濃厚的老莊思想。文老師說金筑是虔誠的基督徒，依我剖析的結果，應是老莊信徒比較對。本輯的另一半是感時鄉愁之作，這是詩人特有的人生之旅必有的心境。

參、「空靈之作」和我的最愛

詩人金筑在「飛書」的跋記，設了一個謎題叫大家猜，他說「其中有空靈之作，要以心貼上去體驗，請方家洞察評量。」（第二〇〇頁）只要讀完全書，就能發現答案在〈物化〉（第三十五頁）這首短詩，全詩照抄：

「微塵的大千世界／每一粒沙各有造境／各自成夢／也融我入夢／且在夢中／幻化：／栩栩然　翩翩飛舞／一枚蝶也／從春夢中覺醒／觀之　皆大自在／金筑也」

這是典型的莊周夢蝶，意境高雅，意象鮮明，自己成了一枚蝴蝶，與大自然合一了。另一首也是空靈之作〈讀夜〉（第六〇頁），全詩照抄：

「仲夏之夜／瓢舀一勺銀河的波流／煮酒　泡茶／沖出來的／是晶亮　晶亮的／斷章　小令　絕律　古韻／瞧　還有一闋劃空而過的／靈感／瀠瀠／泱泱／

爍爍／閃閃」

我可以想像詩人浸淫一個溫潤的夜晚，仰望穹冥，頃刻，與銀河、宇宙合一了，取銀河之水泡茶，沖出來的是一篇篇「空靈之作」。其實「飛書」尚有不少空靈之作，但我最愛是一首即空靈又具象，且有豐富思想的〈紡古〉短詩（第四十五頁），全詩照抄：

「古老的紡車／索陶古老的故事／紡不完的夢／在時序中／縷縷　千千　悠悠　緲緲／一條綿亙的長線／紡就／憨憨孤臣淚／滴滴孽子血／一部春秋大義」

詩中那條「長線」，象徵中華文化的一貫道統，五千年而不斷，紡就出來的是春秋大義的核心思想和價值。紡車現在是被丟棄的老古董，用這種老東西來隱喻中華文化的傳承，在警示我們這些中華子民，春秋大義的式微，造成分離主義盛行，亂臣賊子才有篡國竊位的機會。我最愛〈紡古〉一詩，和我近年花錢辦《華夏春秋》闡揚春秋大義，反制分離主義有關。從〈紡古〉這首詩剖讀詩人，金筑肯定是中國人、熱愛中華文化，儒家思想者，他應知「孔子成春秋而亂臣賊子懼」。所以嘛！詩人也亮出春秋大義這千年寶刀，欲斬妖除魔，金筑雖馬齒加長，憂國情緒未減，叫吾等後輩更加尊敬。

肆、與李白、李煜和佛陀比「夸飾」之功——代結論

欣賞一首詩，除了意境、意象和想像力外，「夸飾」也是我喜愛的切面，前面所舉空靈之作也算是夸飾，但最經典的夸飾是「上行之歌」第一節（七十五頁），「人生如一口歎息／轉瞬即逝」，人生百年竟只用兩句十一個字就結束了。李白、李煜和佛陀亦有同功。

李白「黃河之水天上來，奔流到海不復還」，萬里黃河水從天上流到海，只用兩句十四字，可見其快速。而李煜「問君能有幾多愁？恰似一江春水向東流！」亦見其愁之多，之重。但夸飾之功第一名，應屬佛陀和弟子的一段對話，雖非詩歌，也是驚奇之作。

> 佛問沙門：人命在幾間？對曰：數日間。佛言：子未知道。復問一沙門：人

金筑夫婦（最左和最右）和葡刊同仁紫楓、邱淑娥、台客、陳正遠合影於嘉陵江遊艇上（2006年9月）

命在幾間。對曰：飯食間。佛言：子未知道。復問一沙門：人命在幾間？對曰：呼吸間。佛言：善哉！子知道矣！（四十二章經，第三十八章「生即有滅」）。

爲何要引佛陀之言？因金筑的人生體驗正與佛陀同，儘管人的生命多在數十年到百年之間。但在金筑的詩語言只是一個「嘆息」，在佛陀說法只是一個「呼吸」，而兩者都是生命的「眞相」。就創作語言「夸飾」的運用，李白、李煜、佛陀和金筑實有同等功力，在「飛書」中尙有許多夸飾手法，興趣者可自己去探索。總結我前述各段，剖讀詩人金筑現在的思想、心境和內涵，他是典型的儒佛道綜合體，而較傾向佛道兩家，更以道（老莊）家爲中心思想的人，一點都不像基督徒。（我如此直接了當的解讀詮釋，不知是否會害金筑先生在耶穌面前失寵！或受到兄弟姊妹們批判！我純就詩剖讀其人，眞誠論述。）

懷念一名自豪的炎黃子孫周興春並向他學習怎樣面對死亡

當一個人得知自己得了癌症，將會有怎樣的感受？或更進而知道癌魔在自己體內正在「攻城掠地」，到底要如何面對應戰？絕大多數人是「人垮了一半、心涼了半截」。更別談能利用人生剩餘的短暫時間，創造更大價值，讓生命的尾聲發光發熱，畢竟這需要多大的定力，又要多深厚的人生修爲啊！實在不能想像！

但，本刊（華夏春秋第六期，二〇〇七年元月）有一作者，也是我從未見面的朋友，是異於常人，了不起的人，在生命的末端他不僅「與癌魔共舞」，且創作力更驚人，他就是山東德州學院教授周興春先生。周君已於二〇〇六年十月二十日逝世，在他往生前的五個月，還來信本刊期勉大家「做一名自豪的炎黃子孫」（見本刊第四期，第廿三頁）。是故，于試從周君往生前一年多所發表的作品、書信等，向海內外所有炎黃子孫介紹周君的幾個「切面」，做爲對他最後的懷念，並願吾等中國人向他學習，都做一名自豪的炎黃子孫。

壹、「周興春」這個人：「做一名自豪的炎黃子孫」

周興春，一九五二年五月四日生，山東禹城市張庄鎮周庄人。一九八三年畢業於山東師範大學歷史系，往生前即爲德州學院歷史社會學系副教授，山東省作家協會會員。其著編甚豐，重要有「新編中國古代史」、「中國歷史人物大辭典」、「中華名人與治國」、「現代國際關係專題史」等。在與病魔大戰五年來，出版有「生命的戀歌」、「生命的贊歌」、「生命的頌歌」及「心鳴錄」四本書，前三本稱「生命三部曲」。可見周君戰鬥意志之堅定，創作力之豐沛。

另外，尚有詩歌等各類作品散見兩岸各報刊，如大衆日報、山東文學、秋水、葡萄園及華夏春秋雜誌等。周君堪稱是一位全方位的學者、作家、詩人，他的作品充溢「中國魂」，多麼叫人感動和尊敬。

二〇〇六年五月，周君寫了一封信給我（刊於華夏春秋雜誌第四期），說到「您我同年而生，又因詩文相識，情投意合，這是緣份，也是血脈相連的同胞情結。」接著再提及，我們是志同道合的同志情誼，我們是中國統一大業的同志，我們是繁榮中華文化的同志，在我有生之年，願我們併肩戰鬥，做一名自豪的炎黃子孫。

周君這番情投意合的正義陳詞，如今回憶起來只想痛哭。我和周君從未見面，不過是幾篇書信文章的交流，怎能在短期間內快速昇華成情投意合的同志？當然還是有一根本之道。此道，正是我辦「中國春秋」（後更名「華夏春秋」），創建時所高舉的宗旨（見本刊封底內頁），「本刊的核心思想是春秋大義、仁政、正統和統一，是中國歷史上恆久不變的普遍價值，深植在所有中華子民心中，本刊視為最珍貴的祖產。」甫在本刊初創，周君便寄來稿件和書信，表示推崇和支持，亦對上述宗旨表達高度認同和敬佩，我們正同古人所言「志同道合」。

事實上，人與人之間不過一點點簡單的道理，「眞誠」而已，能眞誠便能志同道合；反之，不眞不誠，便志不同而道不合，道不合，則不相爲謀，再交往五十年，也是「貌合神離」，甚至相互暗算。

在周君臨終前一年出版的「心鳴錄」一書，致「葡萄園」主編廖振卿先生，對那些「不承認或不敢承認」自己是中國人，甚至連文化上也要「去中國」的人，表達了不齒和憤慨，那些黃皮膚、黑眼珠的不是炎黃子孫嗎？他寫到，台灣台獨份子越來越瘋狂了，「去中國化」的「文化革命」想阻斷海峽兩岸的血脈聯繫，眞讓人痛心和氣憤。但我相信，他們是不會得逞的，失敗是注定的！兩岸的統一遲早會實現的。因而，保持兩岸政治、文化、經濟交流，維繫民族情感十分重要！（見心鳴錄，二三九頁）。

心鳴錄之言，大約是周君纏鬥癌魔的第四年，他依然關心著國家民族的千秋大業。到他臨終前兩個月，他在華夏春秋第五期發表「反對日本帝國主義，建設強大的現代國家：紀念抗戰勝利六十一周年」（該期二十二頁）一文，對日本右翼侵略思想強烈批判。此刻，其體雖弱，其力則可穿透中國歷史時空，振奮永恆之中國魂。

貳、依然堅定不移的埋首於文學創作

周君一面「與癌共舞」，並以自體爲戰場，與頑敵糾纏，同時致力於本身專業（歷史）和政治的研究，不斷有作品問世。另外，仍有心力從事文學創作，前項提及「生命三部曲」便是三本詩歌創作集。對這三本詩集，他是眞的「用命換來的」，是他罹患癌症五年的人生思考，及對生命、社會、文明、歷史、愛情、親情的總體感受，是他生命倒數計時的思想紀錄。

周君的文學作品不僅在大陸發表，在台灣除華夏春秋雜誌外，「葡萄園」和「秋水」詩刊都常見他的詩歌。葡萄園第一七一期（二〇〇六年秋季號），有「石人」一詩，是臨終前約四個月（六月十八日）寫於德州市人民醫院，爲對台灣一群詩友（台客、詹燕山、汪洋萍、子青、伊凡、孫健吾、童佑華、許其正和筆者我）的感念，全詩如下：

遠隔千山萬水的炎黃同胞／是祖宗的血讓我們相認／是祖宗的愛讓我們親如兄弟／雖不相識／但石人、石心、石情／讓您們伸出兄弟般的手／在殘酷的抗癌中／成就一個無助的人／／人貴用愛成就世界／人貴用善成就不幸的人／石人的偉大／讓人生死難忘

同期的葡萄園詩刊另有一題名「政客」詩作，是對那些不承認自己是中國人、是炎黃子孫的敗家子，之一種嚴厲批判。文壇上有些人稍有誤解，以爲政治不該入詩，其實宇宙間萬事萬物，不論存在或不存在者皆可入詩，杜甫就有許多政治批判的詩。我的近作「春秋紀實」（二〇〇六年十一月，台北時英出版社），全書近百首現代詩都是針對台獨派執政的腐敗、貪污、墮落和黑暗的政治批判。周君「政客」一詩有「董

狐」之風，對政客毫不留情，讀之痛快啊！

無邊無際的大嘴／加上漆黑一團的心臟／加上手段毒辣的政治伎倆／這就是政客／／政客／不承認黃河爲自己的母親河／不承認長江爲自己的父親河／出賣江山／出賣靈魂／古今中外／政客皆此敗類／／海峽兩岸／都能看見他們的蹤影／同胞們，警惕啊！

詩的前兩句最有豐富的意象，讓人對政客的嘴和心產生無限罪惡的想像，爲神來之筆，後面的句子皆合「明朗」詩風。在詩後附帶給台客先生的短信說，「昨天下午至整個一晚上，高燒不退，今天清晨神志略清，口授由我妻代寫此信。」作家的生命力和創作力由此可見，而這些不過幾個月前的事，眞是人生無常！

參、病床上的人生還是浪漫及對妻子的感恩

一個人與癌症大戰五年，還能浪漫的起來嗎？尤其眼見愈來愈不行了，隨時生命都可能劃下休止符，那種日夜都在承受煎熬，有幾人敢說他還活得自在而浪漫呢？能

寫得出浪漫詩章頌贊人生呢？他是周興春先生，我的這位從未見過面的朋友，他做到了。在「秋水」詩刊一二九期（九十五年六月出版）有一首周君的詩，題名「槐花情」，充滿豐富的想像、高遠的意境，而意象單純具體，全詩抄列如下：

戰勝冬天的寒魔／迎來春天的愛神／堅貞、痴情的槐花／掩著羞紅的臉／揣著急跳的心／將潔白與清香／將璀璨與浪漫／獻給心中的春神／獻給美好的人間
告別熱戀的情神／告別短暫的生命／不傷不悲／無怨無悔／走了／留下／精心育成的／愛的結晶——槐莢／見證／愛的聖美／見證／情的節

這是一首意象鮮明的現代詩，全詩分二段。第一段寫存在於現實環境中的槐樹，一種高約三丈的落葉喬木，約春季到初夏間開黃白色蝶形的花，實爲長莢。槐木戰勝寒冬，把花和果實的清香，獻給人們，展現它的堅貞、多情和浪漫，這也影射詩人的堅持和天命。

第二段轉換到現實的人生，即將要告別人間了，但他不傷不悲，因爲雖走了，卻留下愛的結晶「槐莢」，有如那槐樹，從成長、開花、結果實，這是自然界正常的輪迴，所以也無怨無悔。重要的是不論槐木或周興春個人，人間走一回，見證一段情或

愛，這就夠了。

就整首詩以「槐花情」爲標題，早已點出人生有如一場「槐安夢」的景像，這種弦外之音的暗示很強烈，既然人生如夢，何須悲傷呢？這並不是說周君已是四大皆空之人，他依然是個有情人。在「妻子的手」（葡萄園一七一期）一詩他寫著：

當生命被拋進浪濤中／妻子用手捧回／當生命被拋進深谷中／妻子用手捧回／當生命被拋進風暴中／妻子用手捧回

妻子的手／是我生命的纜繩／是我生命的保護神

這首詩淺白明朗，充滿對妻子的感恩之情。而事實上，在與病魔對決的過程中，周君爲了不能讓全家都被拖下水，一度想放棄治療。他的夫人周淑敏堅決的說「就算傾家蕩產，也要治你的病。」可見其夫婦鶼鰈情深，乃人間佳話。因此，本文在此除悼念周君，也要向周淑敏女士表達最高敬意。

肆、小結：周興春，你是讓我們自豪的炎黃子孫

周君生前致書于我，多次提到對春秋大義、仁政、正統和統一觀念的認同，若欠缺這業核心價值，中國大地上任何政權都無法維持，而且會成爲「非法政權」（失去合法性和正當性），就像現在的台獨政權或民初軍閥政權。此外，他更把握時間著書立說，這是周君面對死亡所採行的方法，深值我們學習。

打開周君著「心鳴錄」一書（此書出版於二〇〇五年十月，中國社會科學出版社，應爲他最後一本著作），該書除詩歌散文，尚有許多與各界的書信交流。這些文章有不少篇幅論述「炎黃子孫中國心」、「人民心民族魂」、「共築中華文化長城」、「做民族的脊樑」、「爲民族爲自己做點事」、「建設文明中國，任重而道遠」等，眞是篇篇動人心弦。

周君生前知來日不多，乃寄身於中華歷史文化之中，積極於著書立說、文學創作和對各界的文字交流，如此他的來日變成無限多，他永恆的活在中國歷史時空裡，成爲不朽的人。如同岳飛、文天祥，故死何足懼！

天人路雖遙，但此刻周興春應已走到黃帝或炎帝的跟前。他會聽到許多老祖宗說：「你是一名自豪的炎黃子孫，我們以你爲榮。」

末了，我要警示那些搞「去中國化」的人，若台灣眞的全都去中國化了，豈不回到「石器時代」？那些政客搞「去中國化」有時只是一種「表演」，爲謀些私利罷了。可悲可憐的，文壇上也有幾位自稱是「醫生詩人」的作家，也搞起了「去中國化」，聽到「中國」或「中華文化」，整個人便如瘋狂般的起狷，你不知道作品中全去中國化後，便甚也不是了，也「詩」不起來了。還有，他那黃皮膚、黑眼珠，體內的血……還有祖宗八代，也全都「去」不了，這可怎麼辦？怎麼辦？天啊！要精神分裂了。這就是那群搞「去中國化」的人的現狀和困境。

李愬：化敵為我，以謀止戰

——陳福成、黃驗對談小說《釜底抽薪》

《釜底抽薪》描寫是唐憲宗時代，一位非常與衆不同的軍事謀略家李愬，奉命征討節度使的叛變，在與強敵對峙下，他卻不以戰勝爲手段，而以減輕敵我傷亡爲最高原則，進行一場一場「避免流血的戰爭」，爲了把戰場傷亡降至最低，他放過許多致勝的契機；爲了「化敵爲我」，他不僅不殺降將降兵，還大量任用敵將。李愬獨樹一格的軍事策略家風格，照亮了他所處的那個大黑暗時代，爲唐朝後半段開啓了中興的契機。

化敵為我

陳福成（以下簡稱陳）：打從李愬征伐淮西，他就設定敵人只有一個：首逆吳元濟。吳元濟手下的百員戰將、十萬淮西精兵都非敵人。「不是敵人就是朋友」是李愬的最高戰略指導，他頻用招降的手段，「化敵為我」，把吳元濟的一個個大將、一座座城池，收為己用，因此，他每打一場勝仗，便能增加將領和部隊，這與一般戰爭為了打垮敵人戰力、殲滅部隊，其策略思想截然不同！

黃驗（以下簡稱黃）：李愬的領導風格，也與歷史上所有軍事家截然不同。他剛上任時便對將領說：「天子知我柔懦，能忍受戰敗之恥，所以派我來安撫你們；至於攻戰進取，那不是我的事。」這話帶有謀略的成分，故意要讓敵人窺知他這立討伐軍主帥的作戰意志，但他善於隱忍，而且溫文謙抑，毫無威嚴，倒是完全不似戰場主帥。

陳：中國歷代兵法家治軍，不外一個「嚴」字，孫子、吳子、尉繚子都曾以「殺」來樹立軍令如山的紀律，即使最溫和的諸葛亮也要揮淚斬馬謖來維護軍威。李愬完全推翻了「嚴」以治軍的鐵律，相反的，他以寬鬆出名，不僅不殺降兵降將，還完全信任降將，像李忠義、張伯良等來降，李愬推心置腹相待，對其部隊原封不動，立即派去攻擊、守城。套句現代的話說，李愬把前線敵人的師長、軍長、軍團司令招降後，就地將其部隊改個番號，便讓他們率領衝鋒陷陣去了，弄不好，便是縱虎歸山。

黃：是很大膽。降將與李愬要立即建立互信基礎，是一大挑戰。李愬非常大膽地，開了一個很好的範例，然後建立起重用降將的模式，從而使他的寬容與信賴成為一種人格保證，在敵軍陣容中形成了口碑。

陳：用人不疑、推心置腹，也是一種謀略。

黃：他從小慈孝過人，見識過他父親李晟南征北討，爲拯救天下蒼生而戰，父親死後，他們十五個兄弟中，唯他與哥哥李憲堅持爲父親廬墓三年，被唐德宗勸回，隔天又跑去守墓。他年少時期的悲天憫人胸懷，成爲他日後用人不疑的後盾。

陳：在許多戰役中，李愬與將領們分析戰略時，都充分地運用了《孫子兵法》，歷代兵法家把孫子的「上兵伐謀」奉行得最徹底的，當推李愬。最上乘的策略，是以計謀代替殺戮，李愬比孫子發揮得更好。西方戰略家克勞塞維茨、李德哈達等人均不主張過度使用軍事手段來獲取作戰目標，而主張多用政治、心理等手段。在精神上，與李愬運用「釜底抽薪」之計頗多契合之處。

黃：「釜底抽薪」的策略概念，就是把叛軍吳元濟視爲一口巨釜（鍋），釜裡熱騰滾滾，非常強勢；想除去吳元濟這一股炙手可熱的勢力，根本之計，須將那些發光發熱、發揮作用的將領兵士，像薪柴一樣，從鍋底一根一根地抽掉。去薪之釜，其滾滾強勢便失去後勁，便會降溫、冷卻。

陳：李愬「釜底抽薪」的步驟包括：剪枝弱幹與抽薪止沸。「剪」包括人與地，就是將吳元濟的手下大將李忠義、董昌齡、李祐、吳秀琳、丁士良……一個一個「剪」掉，化敵爲我；地就是城池，將吳元濟占領的襄城、葉縣、舞陽、文城……一座座「剪」過來。第二步的抽薪止沸，就是在逐步截斷吳元濟的資源後，戰略目標蔡州城就「止沸」，孤立無援，最後予以擊敗！

黃：「釜底抽薪」有兩種層次的妙用。第一種就是抽別人釜底的薪，使其失勢；第二種是抽自己釜底的薪，形成捉襟見肘。攻下城池，要派兵派將防守（抽自己的薪），當攻占的城池一多，即可能形成自己的負擔。李愬攻占吳房時便是如此，於是在占領吳房後，只收了降將降兵，然後把吳房空城還給吳元濟，讓吳元濟再抽派一位將領及數千兵力去防守，李愬等於是將敵人再抽一次薪，眞是妙招！

陳：戰場上以殺人兵器對決，是你死我活的零和遊戲，李愬卻想與敵人雙贏。「一將功成萬枯骨」的仗容易打；要處處顧忌敵我的傷亡，那高難度了。

黃：細心的讀者會發現，李愬每一場戰役的戰術戰略都不一樣，都創新、出奇，都是在與吳元濟鬥智。

謀高人膽大

陳：李愬用兵的特色是出奇。這個奇，建立在他對地理形勢瞭如指掌，他大膽用兵、用間、用政戰、心理戰，交互使用出奇。他尤善於變化移位，大凡主帥、主力的位置，主攻的路線、如何攻法、埋伏奇襲等，都虛虛實實，讓吳元濟猜不透，造成敵情研判錯誤。

黃：吳元濟與其部將，各有一套亂世中的作賊哲學，讀來令人捧腹，也令人深思。吳元濟造反時說：「權力就住在強盜的隔壁」，「不出去搶，就沒出息」；說他父親吳少陽節度使的侵掠行爲是「劫富濟貧，替天行道」；他的部將王仁清被俘時，罵李愬說：「軍人造反，自古皆然，你們忝爲軍人，手握重兵，畏首畏尾，比太監更無種。」

李愬以「化敵爲我」的理念，以招降爲手段，把淮西軍的戰將與部衆——收爲己用，打下一場一場不流血的戰爭。

李愬以信服人，以仁治軍，以謀用兵，以一種悲天憫人的胸懷在用計；他用人不疑，推心置腹，更是一種上乘的謀略。

吳元濟強悍的領導風格，手上沒有籌碼可以賞功，加上興兵作亂名不正言不順，他所凝聚的這批猛將，不旋踵即被李愬一一抽走。他若多一點智謀，多一分胸襟，那大勢應該是站在他那一邊的！

陳：每個將領要投降前，都天人交戰很久了，當李愬找到很好的切入點時，他們二話不說就降了，譬如有的將領投降，需要下台階或面子，李愬就做做場面、親去受降；有的顧慮家屬安危，李愬都爲之設想周全。當吳元濟的最後一張王牌董重質困獸猶鬥之際，李愬找董的兒子去送招降信，這一招讓董重質在心理防線崩潰，「原本這是一場賭局，在莊家吳元濟的號召下，是一場不折不扣的豪賭，沒想到賭了半天，全部賭友都溜光了，只剩我與莊家兩個人在對賭……」顯見他不折不扣的草莽性格。因爲這場賭局不踏實，所以他告訴自己：「只要有一個很好的理由，我就要投降了，現在機會就在眼前。」李愬對人性、心理，可說掌握得恰到好處。

以謀止殺

黃：李愬的頻頻招降重用，收到了不戰而屈人之兵的效用！

李愬處於唐朝國運的下坡路段、「安史之亂」之後的五十年，藩鎮目無朝廷，據地爲王，殺人遍野，是個大黑暗時代，由於他征服了淮西，使得大黑暗時代露出一線曙光，也使唐朝出現了短暫的中興的局面！

陳：這位亂世的中流砥柱，以仁治軍，以謀用兵，在他身上，把謀略、計策提升到一個很高的層次，那是眞正叫作「仁者無敵」，他的謀，已經不是一般所謂「工於心計、陰謀詭計」之流可相比擬的了。

黃：可說是以謀止戰，以謀止殺。

陳：也就是「上兵伐謀」。正如小說最後的那句話：「他簡直是在救人，不是在用計！」

（整理／黃驗）

附記：「小說36計」共有三十六本，實學社出版，二〇〇〇年。「釜底抽薪」是第十九計，這篇對談是本計的導讀。

春秋典型與亂臣賊子

台灣獨派執政這幾年，以陳水扁爲核心集團的第一家庭、第一親家和政客們，能吃的吃，能拿的拿，或用五鬼搬運，把台灣內部資源掠奪一空。因爲他們知道來日不多了，中國自古以來地方割據政權都是暫時的，隨時要被統一，現在大權在握，吃香喝辣，到時一夜間淪爲罪犯，故此刻不大大的撈一把好走人，尙待何時？

來日雖不多，但不見棺材不流淚，能拗盡量拗。近年來這些亂臣賊子天天叫囂台獨、制憲、去中國化、去蔣中正化，否認自己是炎黃子孫，不承認自己是中國人，游錫堃大喊「中國豬滾回去」。我心在想，他家的祖宗「公媽」不就是「中國豬」嗎？

台灣人是不是中國人？已被那些台獨亂臣賊子的洗腦，許多人「忘了我是誰！」我從另一個角度呈現眞相。所有台灣人信仰的神，全是中國人，如假包換的炎黃子孫，他們「生爲中國人，死爲中國神」。這些神都是中華子民千秋萬世的典型，經我整理一部份列表如後。

如表所示，保生大帝俗名吳本，宋太平興國人，神醫濟世；三山國王是隋文帝手下三大將：西秦王爺就是唐太宗；媽祖俗名林默娘，宋福建莆田人，清乾隆封天后；光淨菩薩就是孔子門生顏回。台灣民間信仰還有很多神，然不出「中國人、中國神」背景。許多神每年要回大陸的祖廟（娘家）尋根，以示不忘本。民國七十八年，宜蘭南天宮媽祖回福建湄洲娘家，創兩岸直航首例。九十四年九月間媽祖又回湄洲，台獨政府說違法要「法辦」，不知道這些亂臣賊子如何法辦春秋典型的媽祖娘娘，她可是人民心中的「天上聖母」，辦得動嗎？

問這些亂臣賊子是不是中國人？是不是炎黃子孫？也真是睜眼說瞎話，很無聊的問題，就像一個男子，明明男性所有器官都有，卻硬說自己不是男人，鐵定是那裡出了問題。現在這些台獨份子明明自己流著炎黃血緣，祖宗牌位也明明記著源於中國那裡，死硬說自己不是中國人，還罵人是「中國豬」（如游錫堃之流），這其中必有「隱情或企圖」。

隱情或企圖何在？曰：「搞台獨」，但搞台獨大家都知道是搞假的，包含陳水扁、李登輝等人都說過這是搞假的，騙老百姓的。老百姓好騙嗎？人民的眼睛不是雪亮的嗎？確實，人民早已心知肚明。只剩下那些腦袋不醒的基本派還信以爲眞，期待著教主帶領他們走上台獨路，再等十輩子吧！等到黃泉路口時，台獨路還不見影子吧！可憐啊！那些人，不當中國人也罷！（註：不當中國人也可憐，因爲要當一輩子世界遊民，不看那金美齡，不是中國人，不是台灣人，不是日本人，她是那一國人？「台灣國」又沒機會，等啊！等到老死也沒機會）

那些亂臣賊子爲謀私利不承認自己血脈也就罷了！偏偏還騙死一堆人也背叛了自己祖宗。事實上那些騙徒不知那根筋不對，早已神不知鬼不覺的去了中國，到底是尋根、朝拜、示好或贖罪呢？也可能去賣台。按那些人的邏輯，別人都是去賣台，果如是，至今（二〇〇七年）去大陸賣台的至少一千五百萬人以上，只有他們幾個「天王」去大陸不會賣台！幾乎全部台灣人都大陸賣台了嗎？

證據顯示，所有去大陸的台灣人中，以陳水扁最像賣台。（以下照片引自：徐宗懋，民進黨人在中國，時英出版，二〇〇四年二月。原書爲彩色，翻印後稍有不清，仍可辨識）陳水扁於一九九一年到大陸，隨行有陳淞山、柯承亨、蘇聰賢和三名記者。此行，阿扁曾在北京軍事博物館前留影，照片上有「中國人民革命軍事博物館」字樣，有「挾中國自重」的味道。另一張照片在中共坦克前留影，更有爲中共武力統一中國「背書」的態勢，若中共以武力解放台灣，陳水扁豈不爲王師坦克征討之「前導」？

呂秀蓮於一九九〇年八月，到福建南靖祖厝龍潭樓尋根謁祖。二〇〇三年十月八

1990年8月，呂秀蓮
走在祖厝迪溪上的
石塊上，神情愉悅。
（鄭嵐攝）

1991.陳水扁在北京軍事博物館前

這張照片不清楚，是1991
年陳水扁訪問大陸時，
在中共坦克前
留影。

2003年，游錫堃呈獻東昇樓祖祠的對聯，刻在柱上，並署上「第廿世裔孫錫堃敬撰」。

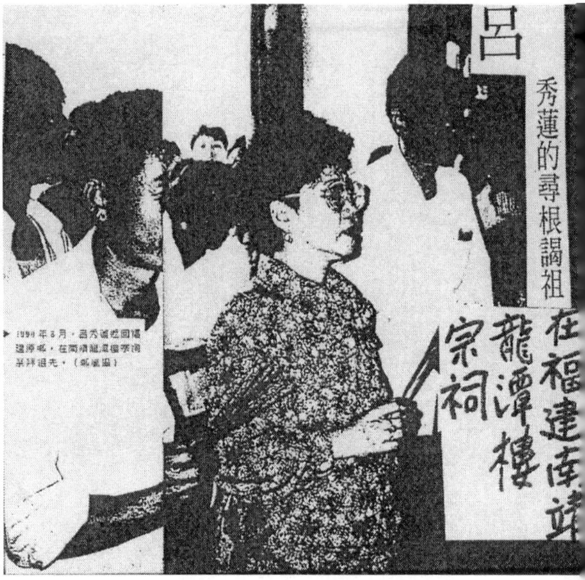
呂
秀蓮的尋根謁祖
在福建南靖
龍潭樓
宗祠

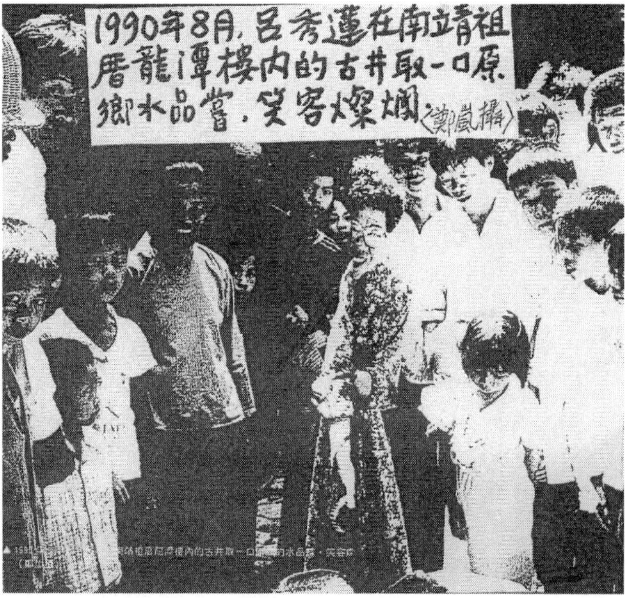
1990年8月，呂秀蓮在南靖祖厝龍潭樓內的古井取一口原鄉水品嘗，笑容燦爛〈鄭嵐攝〉

游錫堃的原鄉是福建漳州市詔安縣秀篆鎮埔平村．這是他的祖祠
錫祉的祖先牌位．

2002年．游錫堃的胞弟游錫賢(中)
返回祖居時，受到
鄉親熱情的欢
迎．

1993.謝長廷(中),姚嘉文(左二)抵北京机場,在貴賓室接受欢迎.(郭平坦攝)

1990年,李鴻禧及太太等在八達嶺長城.這位無耻的知识份子,一天到晚醜化中国,来中国幹啥!良知都給狗吃了.

中國民間信仰諸神背景

〈作者自行整理〉

神名（廟）	背景
保生大帝	宋太平興國時人，姓吳名本，俗名大道公，神醫濟世。
九龍三公	宋高宗時五軍都督，因功封三公，死後國葬九龍山，俗名魏振。
清水祖師	宋仁宗時高僧，俗名陳應，傳揚佛法，廣渡衆生。
臨水夫人	唐代宗時福州人，救人而亡，俗名陳靖姑。
長春祖師	元代山東登州人，道教，勸成吉思汗漢化政策，俗名邱處機。
九天玄女	黃帝之師，助帝戰蚩尤。
三山國王	隋文帝手下三大將：連清化、趙助政、喬惠威。各地都有，新莊廣福宮最老。
開漳聖王	唐代福建人，俗名陳元光，開拓漳州有功。
西秦王爺	即唐太宗李世民，一代明君，創貞觀盛世。
天上聖母	即媽祖，俗名林默娘，宋代福建莆田人，清乾隆封天后。
無生老母	一貫道的信仰主神，源於宋代理學家周敦頤的「太極圖說」。
光淨菩薩	又叫月光菩薩，即孔子得意弟子復聖顏回。
鬼谷先師	戰國縱橫家，有四大弟子：孫臏、龐涓、蘇秦、張儀。
東嶽大帝	即東嶽泰山主神，唐玄宗時封齊天王。
關聖帝君	即武聖關公，第十八代玉皇大帝（輪值），尊號「玄靈高上帝」。
福德正神	土地公，是炎帝神農氏十一世孫句龍，因功封「社公」。
梓潼帝君	西晉廣東人，俗名張亞，有戰功，與關公、孚佑帝君、魁星和朱衣，合稱「五文昌」，我國民間信仰只有五文昌。
慶安宮(六文昌)	在台南善化，主祠沈光文，明末太僕寺少卿，為反清復明奔走，後到台灣教平埔族漢文，稱「台灣孔子」，民國七十一年成為「六文昌」。
忠義祠	在屏東六堆，清康熙六十年，六堆軍助平朱一貴亂，朝廷詔令建忠義祠。
南天宮	在宜蘭南方澳，民國七十八年起常送媽祖回福建湄洲娘家，創兩岸直航首例。最近一次在九十四年九月間，陸委會聲稱要法辦。
三官大帝(三元宮)	三元宮在新竹湖口老街，建於民國七年，主祀三官大帝（堯、舜、禹），其他地方亦有。
媽祖（大天后宮）	有些廟宇稱「天上聖母」，都指媽祖，各地都有。大天后宮在台南市，為台灣媽祖開基祖廟，前身是明朝寧靖王府。
靈泉禪寺	在基隆月眉山，光緒二十四年（一八九八年）由福建鼓山湧泉禪寺善智、妙密、善慧三師相繼營建完成，內供奉佛祖、十八羅漢、四大天王。
唐牧馬侯祠(陳淵)	在金門金城鎮，唐德宗貞元年間（七八五～八〇五年），牧馬侯陳淵奉派，率蔡、許、翁、李、張、黃、王、呂、劉、洪、林、蕭等十三姓，至金門開拓。一千多年來，金門人尊稱為「恩主公」，每年舉行祭典，追懷先賢德澤。

日由呂秀蓮的包兄呂傳勝律師，率領台灣呂氏宗親代表一行人再回龍潭樓參加九日的祭祖典禮，呂傳勝先後有五次率團回福建漳州原鄉。

游錫堃的原鄉在福建漳州市詔安縣秀篆鎮，二〇〇二年他先派胞弟游錫賢回大陸祭祖。二〇〇三年游錫堃呈獻祖祠的對聯，刻在石柱上，並署上「第廿世裔孫錫堃敬撰」。如此，不知他後來「中國豬」怎說得出口？實在是人性良心全都滅了，敗家子才講得出口的話。唯政治利益是圖，其他全無的「政治動物」吧！

其他的謝長廷、姚嘉文和最無恥的台大教授李鴻禧等人，更是早已到祖國朝拜，接受祖國的人馬招待吃香喝辣，參訪祖國的名勝文物。然後回台再罵別人去大陸賣台，大賣「虛擬實境的台灣國」，許多人還信以爲眞呢！眞是一群無恥到極點的政客。

台灣人民所有信仰的神都是春秋典型，個個是「生爲中國人、死爲中國神」，爲中華文化的思想核心，也是所有炎黃子孫的信仰中心。筆者寫本文時，正是二〇〇七年的「中華民族掃墓節」，那些台獨份子去掃墓了嗎？抬頭看看墓碑或祖先牌位吧！小心！這可是「中華民族」的掃墓節耶！

正當「清明時節雨紛紛」時，呂秀蓮參加台北的一場佛誕慶典（四月八日），在場的還有吳伯雄等人。呂秀蓮致詞時說：「不造口業、不做壞事、說良心話、做良心事、賺良心錢。」妳若搞台獨，或只用嘴說說台獨，就成了「造口業、做壞事、昧心說話、昧心做事、撈黑心錢。」這未來下場如何妳很清楚，「個人作業個人擔」，妳更清楚。說到這裡，呂秀蓮竟然在釋迦牟尼佛二五五一年浴沸大典上講了如此「眞誠」的話，更應以百分百眞誠的心，把二〇〇四年大選時「三一九槍擊」作弊的眞相對國人交待清楚，何人設計？如何作弊？過程如何？敢在佛祖之前昧著良心乎？

本文之目的，只想對照一下春秋正義典型和亂臣賊子嘴臉。爲甚麼「孔子成春秋而亂臣賊子懼」？蓋因亂臣賊子篡國竊位，貪污腐敗，只謀私利，不顧國家統一和人民死活，歷史上的分離主義政權都是，今之台獨政權亦是。碰到了春秋筆、春秋正義當然是怕怕，皮皮剉啦！所以綠營人馬聽到「三一九是作弊，篡國竊位」，簡直是瘋了！小偷竊盜之流，簡直八輩子不要做人了！

本文也要提醒台灣人民，大家所信仰的神都是「中國神也是台灣神」，即爲人要有判斷力，勿隨政客起舞。信仰人口最多的佛教，是中華文化的三核心之一，中國自唐朝開始進行「三教」（儒、佛、道）合一大工程，「施工期」長達一千多年。至今，中華文化由儒佛道三家思想融合而成，不僅「完工」，而且是世上最古老、存在最久，與最偉大的文明和文化，你不覺得嗎？

第五篇　花蓮十日記

這十個極短篇於民國七十四年六月二十五日到七月四日，在台灣日報連載

花蓮十日記

出發

花蓮，在一個臺北人的感覺中，該是屬於比較寧靜的地方。現代人所欠缺的，所追尋的，就是那份寧靜。在某些時刻裏，如果眞能靜下來，許多事情是不會發生的。

這回出差花蓮，已經打定主義，除了出差辦公外用公餘時間，去感受山的緘默或人的寂靜。有了這個主意，首先安排旅遊良伴——就我而言，是經濟簡單的事情，買兩本好書和一大包酸梅。

下午三點二十的莒光號款款擺動，把那一大堆的「呈閱、照辦、存查」，把老婆、孩子、家庭，把臺北市的繁華喧嚷……統統暫時丟在後面。雖然此行是出差，但我的身心已開始滋生輕鬆愉快的感覺，因爲東邊的海景是多麼的雄偉廣闊，西邊的青山是多麼的巍峨幽靜，前面是一站一站的目標，而沿途的雙溪、礁溪、南澳、和平等地是多麼的純樸安靜。

有怎樣的山，有怎樣的海，有怎樣的大地，就有怎樣的人。

約晚上八點到花蓮，投宿英雄館，並爲明天的工作展開協調與準備。

七十四、六、二十五　台灣日報

天祥一日

昨日的成就是今天的光榮，昨天工作的圓滿完成是今天的信心和快樂。

於是，今天是一個美麗的星期天。我把自己交給大自然，交給一座座的山，看青山要把我怎麼辦，就怎麼辦。每一座山都像一個美女，有著致命的吸引力。

上午九點從花蓮公路局乘中興號，目的地是天祥。在太魯閣與花蓮市之間的路段，還算是郊外農田景觀，路的兩旁盡是農作果園，偶爾有幾棟小別墅「插花」。山，還站得遠遠的呢！其上有白雲飄飄。

一過太魯閣，地理景觀完全不同，開始感覺到山谷的動魄驚心。車在峻嶺重山之間起落，一顆心也跟著跳動，兩隻眼睛緊盯著司機，深怕他一不小心，有什麼「三長兩短」。低頭看右側溪谷，有流水，歌聲輕柔；抬頭看絕壁，沒有天，就像一幅深山裏的國畫。才訝異於造化之偉大，這樣的作品如何能在千萬年間慢工出細活地完成，更佩服人類的「鬼斧神工」。這些老榮民的子孫們能永遠懷念和驕傲的，就是這條路了。

記得十五年前到此一遊，那時覺得「見山是山」。

十餘年之後的今天，舊地重遊，突然頓悟「見山不是山」，山是那樣的親切又偉大，他是一個仁者。一個仁者和一個美女有甚麼差別？都有吸引力。

不知十年之後，見山又如何？

車行約八十分鐘到達天祥，此地景物如昔，不過增加若干建設。天祥四面環山，山已不再那樣令人驚魂。這一片山景，濃艷欲滴，遠山直插向雲端。而過往的旅客還是男女老少，加上幾個老外。我呢？不是來「玩」的，是來找個安靜的地方，讀山，也讀讀書。

天祥車站背後的半山腰上有個小教堂，花木扶疏，臨水依山，裏面空空靜靜，隱隱約約傳來山後瀑布的水聲。這裏是個好地方。教堂裏放著許多闡釋聖經的小册子，我無意讀到其中的一段經文，這樣寫著：

「主耶穌和他們說完了話，後來被接到天上，坐在上帝的右邊。門徒出去，到處宣傳福音，主和他們同工，用神蹟隨著，證實所傳的道。阿門。」

本來我對宗教尚有某一部份固執於科學態度。近日讀張曉風女士「給你」一書，在「上帝存在嗎？」文中，她是這樣認爲的：「上帝也是如此，不能被稱斤，不能被捏拿，不能被估價，不能被分析定量，不能被化驗，不能用一則方程式解出，然而，祂的存在卻如此眞實。」

所以，現在我不計較耶穌到底坐在上帝的右邊或左邊（至少現在的體驗是如此，未來如何尚待更深刻的感受）。此刻，上帝的存在是多麼眞實而莊嚴，就像這山的存在，實際的給人信心。山和女人都是上帝的作品，二者我都喜歡。

瀑布在演奏一首永恆的進行曲，聽空山人語，看白雲悠悠，讀書，就是這樣的一個上午。我靜靜的讀，和山、雲、瀑布、女人們對談，閒聊。

中午十二點半，下山吃飯。今天本來就打算要遠離人間煙火的，故中餐以粗茶淡飯解決。下午仍然是安詳沉靜的，有如一段山中的夢。

在立霧溪上有一座玲瓏可愛的吊橋，名叫「普渡橋」。過此橋有個叢林寶剎，名曰「祥德寺」，乃花蓮士紳許聰敏等多人發起建造。該寺位在峻嶺聳立的群山間，海拔五百五十公尺，可謂驚險萬狀。教徒們多能不計錢財，披荆斬棘，篳路襤褸，化荒山為佛國，此種精神是超乎世俗的，俗人如我等，又如何知其「動機」。除了當成一個旅遊勝地外，我極力想要尋找更高層面的意義。

中午一點多到達祥德寺。參觀「觀世音巖」，作女裝打扮，赤著雙趺，由白色岩石塑造而成，高八公尺餘，法相慈祥莊嚴，迷途的人們若能靜下心來，多看幾眼，當有所領悟，或登覺岸。善惡是非之間，往往只在那一念之差。接著參觀天峰塔、鐘鼓樓、大雄寶殿等，寺院內花木清幽雅緻。教徒為弘揚佛法，教化衆生，印發各種警世良言，其中有兩種頗具動心，足為現代人深思。

其一，是禪門寶訓：

寒山問拾得：「人家謗我、欺我、辱我、笑我、輕我、惡我、罵我、騙我時，如何？」

拾得答曰：「只可忍他、由他、避他、耐他、敬他、不要理他，再等幾年，看他。」

這個寶訓讀過的人必定不少，但在這種凡是講求「成本、公平、權利」的現代社會裏，已很少人能徹悟其眞義。甚至有人會問，「不要理他，再等幾年」，他在銀行早有數百萬存款，到時「看他」又能如何？故有人謗我或辱我，我必依法告他。於理於法來講並沒有錯。但是，今天社會上充滿著兇殺、搶奪、姦盜，至幾無寧日；人與人之間的相對、懷疑、功利、現實，不滿等氣氛太濃，雖然我們美其名曰「社會轉型期」，仍非文化大國所應走出來的一種「路」。寒山與拾得答話有如深山流泉，吾等現代人要深思之，忍一忍，讓一讓，家庭會和諧快樂得多，社會必然安詳得多。

其二，是無際大師心藥方：

大師諭世人，凡欲修身、齊家、治國者，先服我十味妙藥，方可成就。正是：「好肚腸一條，慈悲心一片，溫柔半兩，道理三分，信行要緊，中直一塊，孝順十分，老實一個，陰騭全用，方便不拘多少。」大師還叮嚀服此藥方須「用寬心鍋內炒，不要焦，不要躁，去火性三分，於平等盆內碎，三思爲末，六波羅蜜爲丸，如菩提子大，每日三服，不拘時候，用和氣湯送下，果能依此服之，無病不瘥。」

大師又提醒：「服此藥時，切忌言清行濁，利己損人，暗中箭，肚中毒，笑裏刀，兩頭蛇，平地起風波。」

眞是好藥，可惜全心眞意服用的人也不多，因爲大多數人都怕吃虧，猛佔人家便宜，誰也不讓誰。於是，好肚腸、慈悲心、禮義廉恥心、孝順心……都沒了，如果看官認爲我說的過火，不妨多注意報紙的社會新聞，多觀察社會現象。目前的「社會氣氛」存在太多的火性，每位國民有必要從自己開始深思與檢討。

我相信寒山、拾得、無際大師等人，與耶穌、上帝的道理是相通的，都充滿著仁愛、美善、忍讓、相敬、慈悲之元素，値得後人去學習跟隨，也是做爲一個「人」所不可或缺的。可惜，這種元素在「民主」社會中愈來少，不知是福是禍！

靜思、看山是多麼好的享受啊！用錢買不到的。有的人根本靜不下來，看山也看不懂，所以現在我眞的滿足。而在山中讀書可以領悟的更深，可以讀出弦外之音。祥德寺左側有個小魚池，魚兒在水裏游來游去，好生美麗自在，是個讀書的好地方，下午就在「山、書、雲」之間來去隨意。

讓張曉風的好書「給你」（宇宙光雜誌社出版），使人感受到自然界到處是愛。在作者的筆下，不論寫宗教、民俗、政治、哲學，甚至一株無關緊要的路邊草，都離不開愛的本質。
於是，我肯定的說：
上帝就是愛。
釋迦就是愛。
自然本身就是愛。
張曉風所要「給你」的，也是愛。
一切屬於人類的，與人類有關的（請問甚麼與人類無關？是石頭？還是老虎？）都須植根於「愛」的本質內，凡違反此一天道均是不存在的，也是無意義的。
而讀「楊喚詩集」（光啓出版社），除了對詩人楊喚的才情感到敬佩外，就是那份讓人斷腸的可憐和同情。一個二十五歲的青年，飽受流離失所，從小在繼母的毒打，折磨，在流浪、流淚中長大，沒有父愛母愛，這已夠痛苦的。沒想到，他還要以那樣青春年華，連同絢爛的詩歌和情感一起慘死在火車輪下，如劃過長空的流星，走了，與拜倫、雪萊同樣來去匆匆。在他短短二十五年當中，似乎未曾享受過甚麼是愛，在「二十四歲」一詩中他說：

白色小馬般的年齡。
綠髮的樹般的年齡。
微笑的果實般的年齡。
海燕的翅膀般的年齡。

可是啊，
小馬被飼以有毒的荊棘，
樹被施以無情的斧斤，
果實被害於昆蟲的口器，
海燕被射落在泥沼裡。

這就是詩人對自己的寫照，也算是楊喚的一生，可謂不幸之極了。所以他眞的沒有享受過愛的滋味，然而，在他許多作品中充滿著愛。「我是忙碌的」詩中，是對人生的熱愛：

我忙於擂動行進的鼓鈸，
我忙於吹響迎春的蘆笛；
我忙於拍發幸福的預報，
我忙於採訪眞理的消息；
我忙於把生命的樹移植於戰鬥的叢林，
我忙於把發酵的血釀成愛的汁液。

有主動積極的戰鬥精神，也有大愛，他希望自己是個「轉換器」，把悲慘的客觀世界釀成愛的汁液，偉大啊！絕不向強權暴力低頭，在「號角・火把・投槍」詩中他說：

苦難而倔強的中國呀，
也永遠要聳立在黎明的東方
決不流淚，決不投降，

雖然被暴力劫奪了母親的土地，
而我們哪，
卻用戰鬥的血手
緊緊地擁抱了不屈服的海洋。

經歷過這樣多的痛苦折磨，很多人必定是垂頭喪氣的、消極的、悲觀的。楊喚正好相反，這是了不起的。在文學的領域內他另一貢獻是童詩，他的童詩寫得活潑、可愛、新鮮又有創意。例如：「肥皂之歌」、「毛毛是個好孩子」、「小蟋蟀」、「小蜘蛛」、「小螞蟻」、「小蝸牛」、「水果們的晚會」、「童話裡的王國」等，都散發著天眞童稚的愛。楊喚這個叫人永世哀悼痛惜的詩人，在他的詩歌中到處充滿著對人生、鄉土、國家、朋友、赤子的各種愛，不能逐一列舉，只有請讀者自行去買一本「楊喚詩集」啦！

山中的太陽走得早，我正在想著，楊喚信甚麼教的，也許他甚麼教都沒信過，但他有一顆高潔的愛心。這比現在許多人犯了罪，再去求神赦免要偉大得多。

黃昏，風在呢喃，該是下了的時候，花蓮市的牛肉麵一樣不比臺北市的差。回程的車上客滿，而我的心中也客滿了——住滿寒山、拾得、無際、耶穌、上帝、觀音、釋迦，以及楊喚的愛。

七十四、六、二十六　台灣日報

愛

住在山中，人會和山一樣堅定、安靜。

安靜的時候也很容易想到一些問題。很多人都開始覺得現在社會不但現實，而且亂。多少人只爲一己私利，甚麼案子都做得出來，再恐怖殘酷的勾當也幹得出來，彷彿有了錢，甚麼都可以不要了，臉不要，命不要。官員無可奈何，律法無力，加上一些唱反調的人，於是，一切都亂了。

現在我正想著，這樣美好的大地，爲甚麼讓我們人類弄到這般田地。人類是萬物之靈，所有動物只有咱們是理性的，但人類自己卻準備將全球帶向毀滅。爲甚麼？我思考的結果，就是現在的人類社會缺少愛的成份（本來是有，只是現在愈來愈少），父母對子女的愛，老師對學生的愛，老闆對員工的愛，長官對部屬的愛，朋友之愛，夫妻之愛，以及社會國家之愛等等，正逐漸遞減、衰變、變質中，眞的是很危險。如果有一天人類思想中的愛，減到接近零，甚至負數，那時人與獸何異？可能連鳥獸都不如，則人類將消失於世界的舞臺上。

其實，現代的人還是有愛心的，只是「現代之愛」通常是有條件的，有「後顧之憂」的，無所謂的（有也好，沒有也好，反正我一個人還不是活得好好的），講求公平等量的，懷疑的，空口說白話的……太多了。「愛」這個字，在視覺上就有很美的手采，在味覺上就有很香的味道，事實上，愛包含有「眞善美」三種元素。

到底要如何重建現代之愛？這雖是一個重大的問題，卻只是一種極簡單的道理：人人都極力想得到愛。

子女們渴望父母的愛，就給他們愛。

老人們只想兒孫的愛，就給他們愛。

員工部屬希望長官的愛，給他們充份的愛。

貧病者、鰥寡孤獨者、罪犯、不良少年、遊子、遺族、垂死人們，他們對愛的「需求量」特大，就給他們特別多的愛心。

我們的社會、國家需要人人去愛，否則，人人遲早也會失去「所有的愛」。最後，我們會被「養」在一個沒有愛的世界裡。

一定有人要問，這麼多的愛都叫我去付出，我那有這麼多？兩下子早就給光了。這是對「愛」的誤解，愛這種東西雖不能稱出幾斤，但其形、量、重都是無限的。例如你給張三有五十公斤的愛，你仍存有五十公斤，你付出百萬公噸的愛，你仍有百萬公噸。愛這種東西還有一個奇妙的現象，付出愈多，在心中就滋生更多，有時候級數付出，在內心就倍數增產。

德蕾莎修女最能體驗這層道理，所以她把自己一生全部無條件獻給垂死者、痲瘋病患、孤兒、墮胎者、酗酒者、吸毒者、未婚媽媽及妓女等，至今七十五高齡而不感疲倦，仍在世界各地分發她那蜜的愛心。她把自己的愛無限量付出，於是她得到全世界的愛，而被尊爲「如來再世」，而在一九七五年獲頒「史懷哲獎」，一九七九年獲得「諾貝爾和平獎」。

七十四、六、二十七　台灣日報

一個大的小農家

今天下午收工後，有友人邀請，到一個大的小農家去吃毛蟹。當地一個老先生說，這種毛蟹產在山谷裡，每年五月間才有，因爲每天下午山上下雨，毛蟹就順流而下，想吃的人只管去撈。於是，我欣然答應。

爲甚麼我稱「大的小農家」呢？遠遠望去，是一座現代化的四合院農家，四週沒有其他住戶，一片竹林清涼幽靜，眞是美麗快樂的小農家。所謂「大」，乃四代同堂，和諧團結，人丁旺盛。最年長的老曾祖父八十八歲，慈祥莊嚴，身體健朗；第四代正過著現代化生活，自由活潑，接受正常教育。這一家，直到吃完了毛蟹，我還沒弄清到底有幾口人，故謂「大的小農家」。

約下午五點半，一夥人七八個到達小農家。毛蟹已經煮好放滿幾大碗公，一陣介紹寒喧後各自找個位置坐下。作陪的是一個年輕的爸爸，最長老的曾祖父坐在一旁含笑「觀戰」，有三個祖父輩率領一些青壯上山收成，所以不在家。有幾個約十歲的小朋友在客廳玩電子琴，半會不會的彈些流行歌曲。

沒有看見熄婦樣的女人，聽說躲在廚房的有之，在房間的有之，有的上田還沒回來呢！眞是「族繁不及備載」了。

而桌上一夥人正吃的杯盤狼藉，不亦樂乎。一面聽「小主人」講述這個家族的點點滴滴。去年他們也還是五代同堂，大家長高祖才以一百零八的古稀高齡仙逝，最難得的是他們兄弟姊妹祖孫數十人，無人主張分家，大家都能和諧相處，男女各有工作，生活上各取所需。誰都不計較誰事情做多做少，換言之，這個家族的成員幾乎人人爭相吃「虧」。這眞是一個非常「奇怪」的事，在目前的社會型態下，此種「完美的家庭」已是鳳毛麟角了。我爲之驚訝與企慕。

我同時思考到另一個問題，大家庭制比小家庭制好得太多（並非所有大家庭都這樣完美，但優點比小家庭多），爲甚麼？爲甚麼大家庭制會解體？爲甚麼要「讓」他們解體？這可能是人類社會進化中，錯誤的一步。就以目前的小家庭制度來看，已發生下列問題：

㈠父母大多在外工作，忙於個人職務，疏於管教子女，所以少年犯罪直線上昇，爲害社會治安至鉅。

㈡沒有安全感，家裡經常是空城，夫婦在外甚不安心，提心吊膽，增加心理壓力，危害身心太大。

㈢有濃厚的無助感，任何事情都只有夫婦自行料理，重大事故發生時親人各居一方，相互支援速度不及，增加災難程度，凡此均給人無助感。

㈣小家庭制以夫婦兩人爲主，其他父母、兄弟姊妹，及各種親戚成員均屬「次要」，甚至不必加以尊重。其間最嚴重的就是「老人問題」，使五千年文化精華「孝道」，也跟著大家庭的解體而瓦解，也是社會亂源之一。夫婦一不如意即離婚，造成太多不幸的孤兒。

㈤小家庭的個人主義太濃，個人與國家之間距離太遠，是不團結與國弱因素之一。

總之，我認爲小家庭的優點，在大家庭中一樣可以得到發揚。而小家庭的各種問題，在大家庭中可以獲得彌補或解決。傳統大家庭的缺點，可以在現代教育和制度配合之下獲得改良，使社會組織結構更健全，人們可以感受到更多的愛心和幸福感。聽說國內已有官員，國外（如新加坡）也有人正研究「三代同堂國民住宅」的可行性，叫人感到興奮。

山在夜裡無言，小農家仍靜靜地依偎在山的懷裡。我們的肚子裡裝滿毛蟹，成一路縱隊慢慢爬下山，帶著那份幸福感。此時是晚上十點。

無事

七十四、六、二十八　台灣日報

每一個白天都是一樣的工作，早出晚歸的。各個人做同一件工作，體驗感受也各有不同，最大的差別是有人迎接，有人逃避。

我想人生下來就是為某些工作而活著，所以人生是離不開工作的。這是我的認為，所以我不怕工作。

於是，今天——整個白天是一個忙碌的工作天。德蕾莎修女來訪接受訪問時曾說：「發揮愛的光輝到日常生活裡；愛就是去工作，工作就有和平。」現在我工作時，總想找尋到甚麼，讓工作更具意義。

下午六點完工下山，既不想泡在電視機前，也無事可做，晚餐後獨自一人到花蓮市逛街。表面觀之，花蓮市和臺北市無太大不同，不過規模小些，房子低些，人少些。但有兩個特色，其一是滿街都是藝品店，專賣大理石和玉的產品；其二是馬路旁的人行道全由大理石鋪成。今晚天氣有些悶熱，只逛了個把小時，買件紀念品，早早回去洗澡睡覺。

今夜，想必是個無事、無夢、無痕的平安夜。

七十四、六、二十九　台灣日報

狀元紅和石頭

花蓮的溪谷河岸旁經常可以看見一種盆景用樹，叫「狀元紅」，這個名字和聽「女兒紅」一樣舒服。我對這些東西一向是一竅不通的，後來查「辭海」（七十三年七月正業版）是這樣寫的：「狀元紅，紫茉莉的別名。紫茉莉科，雙子葉植物中離瓣類的一科，草本或木本，葉對生，單葉，缺託葉，花整齊，兩性或單性，聚繖花序，實為瘦果。」

看了這段解釋還是「有看沒有懂」，該去找個植物系教授，弄懂概念。反正今天中午大夥利用停工空閒去挖狀元紅。聽說這是花、東一帶特產，別無分號。中午十二點我們帶著圓鍬、十字鎬等器具出發，目的地是佐蒼附近一條半乾的河，河兩岸長滿各種灌木雜草，狀元紅夾雜在其間。原來它是一種「有刺植物」，約一公尺高，到六月會結子成紅色，經人移植設計後，據說「造型」不凡，故目前身價直昇。

五月間，花蓮的山區也怪，每日下午兩點以前定是大太陽，一過兩點定要下大雨。中午顯得特別熱，我們揮汗如雨的挖。

在河床上另有一種更具知名度的「花蓮名產」——石頭，這種東西全世界到處都有，唯獨此地的石頭有「古雅奇」的外在美。有做山水狀，有花鳥圖，有人物或某種神仙，有古里古怪狀等。亦視其造型美感程度不同，而價格差別很大，尤其自然天成更是珍貴。此地有些人以撿石爲業，眞是一種不要本錢的生意。

好的石頭都走進了藝品店，當成藝術品，價値動輒數萬，當然這種石頭也不是滿地都有的。今天中午與其說我來挖狀元紅，不如說我更愛這些石頭，於是，我只要了兩株狀元紅，便開始撿石頭了。

天空一個蔚藍，太陽死盯著你，溪水涓涓，明淨見底，加上各人一身臭汗，更是心癢癢的。衆人無異議，個個脫得精光（當然要保留一點），噗通一聲都下了水。溪水冰涼可喝，這可能是全省極少未受污染的河流之一。

此時我在水中，水亦在我之中，天地悠悠；所有煩事雜念，正如這流水，會一去不回，就像初到人間，還我一身清白乾淨之身軀。想想這二十年來，臺澎金馬幾回，戎馬倥傯，風塵僕僕；國事家事那堪回首，一顆心那裡靜得下來。故此時，我寧可是一塊沒人要的石頭，或一株沒人挖的狀元紅，永遠睡在大自然的懷裡，悠哉悠哉。

約兩點十分，果然風雲開始變色，一場傾盆大雨是勢在必下的。各人點收成果，有的扛一大把狀元紅，有的拎一大袋石頭，邁開大步——向歸程的路。

七十四、六、三〇　台灣日報

人性

「走啦！去喝兩杯，我請客，有甚麼關係！」這兩天得標商人老是拉著，要去請客吃飯，今天又來了。如果眞去了，我知道有「好康」的，吃香喝辣，還有……

「多謝啦！我們吃公家飯的，國家已經給我們糧餉了，這回出差也領了一筆差旅費，多謝啦！不用客氣。」每次我都這樣婉言辭掉。今天又再叫，好像非去吃他一頓不可。我乾脆直接了當告訴他：「對不起，我們有我們的規定，也有我們的立場，你我現在是在辦公事，都希望這批貨順利交完，不要橫生枝節，最好大家都遵守規定！」

有許多官商勾結、貪污等案件，都是來自這種吃吃喝喝的無謂應酬。最近報紙又出現不少貪污案，多少人被押入囹圄（其實不只現在，千百年來未曾斷過）。有一個道理使我想不透，現代人生活富裕爲甚麼還要貪污？法律也有明文規定，例如「勘亂時期貪污治罪條例」規定最重可處死刑，難道人眞的不怕死嗎？還是銀子眞的那麼重要，比個人的名譽地位、事業前程、法令公理都重要嗎？還是人性本來就貪得無饜呢？實在叫人費解。眞是「殺頭生意」有人做，賠本生意沒人做。

在古希臘有個神話，相傳人類是兩種東西組合而成，一個叫「大安理索斯」（Dionysus）的慈善仁者，一個叫「泰坦」（Titan）的惡魔。由於泰坦忌妒的安理索斯的榮耀，乃計謀加以殺害呑滅。這個案子終於被「智慧之神」雅典娜（Athena）發覺，立即向她的父親「最高公道之神」宙斯報告，宙斯聞言大怒，立刻用雷電將泰坦擊成灰燼。後又深思之，覺得善惡同時都毀滅，有欠公道也可惜，再叫「雕塑之神」阿波羅將那些灰燼重塑，恢復生命，就是人類了。

如果這則神話能夠解釋人性，那麼人性還是本善的。至少雅典娜看不慣惡人惡狀，馬上向「有關單位」反映，至少宇宙間還有一個宙斯，主持最後正義，使公理道義得以發揚。換言之，人性最後的結論，最原始的本質，就是「善」。

人會貪污，絕非天生。乃是善良的人性未被啓發，後天環境影響，教育功能亦未達到；以及一些投機心理、不顧後果、一時之快、僥倖虛僞等等的想法，嚴格的說，這些仍和「學習」與「教育」有關的。任何人只要想通這些道理，他絕不會有貪污的念頭。

所以，到目前爲止我對「人」這個動物還很有信心，他最後必能挽救自己的危亡。但願所有的人也都能想通這層道理。

七十四、七、一 台灣日報

不可思議

我們所住的地方是佐蒼稍靠山邊，地處偏僻，有時幾天的報紙一起來。昨天（五月五日）的報紙，今天正好到。我駭然發現一件不可思議的事，頓時大爲激動，連工作也快要靜不下來，我很少會無名冒火的。

十大槍擊要犯之一林博文伏法，是大家共知的大新聞。今年四月廿八日其家屬在臺中市立殯儀館舉行公祭，也是無可厚非的事，其實一個罪犯死了有何值得「公」祭的。我所謂「不可思議」，是竟有民意代表前往弔祭，並致贈輓聯。臺北市議員林正杰曰：「天妬英才」，監察委員尤清曰：「寧死不屈」，立法委員許榮淑致送「英才早逝」，另有署名前進雜誌、蓬來島雜誌輓曰：「英年早逝」、「痛失英才」等。（詳見青年日報五月五日第五版）

看了這則新聞，多少人要哭喊：「天啊！是非何在？公理何在？」如此將非當是，暴徒當烈士，把魔鬼當上帝，天下可恥又可恨又可痛的事，眞是莫此爲甚。林博文即使有才，也是爲惡之才，絕非所謂的「英才」。宋朝司馬光曾說：「小人智足以遂其奸，勇足以決其暴，是虎而翼者也，才有餘而德不足，以至於顚覆者，多矣！」林犯的「才」應屬這種「奸遂、決暴、顚覆」之才。又根據人性本善的原理，人之將死，其言也善。當槍聲響起，回歸大地的那一刹那，他已「放下屠刀，立地成佛」，此時今生今世的一切罪惡已在法律的判決下，一筆勾消。接著是迎接他即將成爲一個純潔的「新人」，那些別有用心的人非要說他是「寧死不屈」，豈不讓他罪上加罪？他那裡能安心的走呢？

或許啦！這些個民意代表可能看準這個機會，再表演一齣政治秀，以提高知名度。或者他們根本不存好心，一意要使天下大亂，愈亂愈得意。我眞的想不透，天下亂了，垮了，他們能有甚麼好處？還能像現在這樣自由自在，想叫就叫，想罵就罵嗎？

其實說眞的，就是撇開所有黨派不談，要這樣做之前至少該想一想：天理容得下嗎？法理講得過去嗎？情理對嗎？對世道人心有害嗎？合乎自己的「職業道德」嗎？都沒有一點點說得過去的，而一心一意把這個社會弄垮搞亂，居心之毒，不知聰明的國人見否？

此事發生後，期望全國知識份子能提其「董狐之筆」，報章雜誌傳播各界也應發揮輿論力量，共同主持正義，使迷途者回家，使浪子回頭，使敗家子回心轉意。則我們的社會將一片和諧，人人生活於愛的氣氛中。

今天直到下工回來，內心還爲這件不可思議的事難以平息安靜，今夜又將如何入眠？

七十四、七、二　台灣日報

責任

乙方：「要運走這批貨勢必走這條路，怪手也要開進來，可以不可以？」

甲方：「這要請示一下，怪手那麼重，把路壓壞了，怎麼辦？」

乙方：「路壞了我們負責賠錢。」

甲方：「你自己去跟我們的上級談好了！」

乙方：「你們上級又不在，你們又不做決定，怪手和工人都停擺了，都是要錢的。」

甲方：「那有甚麼辦法！」甲方最後做了一個無可奈何狀，乙方只好乾瞪眼了。

今天下午在工地就聽到這樣一段奇怪的對話，召標單位督導員和得標商為這個雞毛蒜皮的事，爭得臉紅脖子粗，還沒有結論，最後還是把不是問題的問題推給上級，而讓老百姓及其他第三者在旁邊看笑話。我說「奇怪」，是為甚麼召標單位的幾位年輕幹部都怕負責任，一聽說要他做個決定，比要老命還急，直推得一乾二淨。好像路只給人走，怪手不能走，或是怪手壓壞了路，他的飯碗就打掉了。責任眞的很可怕嗎？

怕負責任的原因可能有二，一是自己責任心不足或故意推諉，再者是上級主管眞的「一把抓」，使下面的人無所作為。就每一個人而言，尤其是幹部，肯負責任才有擔當，才能獨當一面，才表示他是「有行為能力的人」。就主管用人而言，是不是應該一把抓的，現在是群體時代，要會用人，用組織才是強而好的領導者，故逐級授權負責有絕對必要。

記得前行政院長孫運璿病倒時，國內各傳播媒體交相指責低層級官員負責精神不夠，甚麼事都往上或往別人身上推，各級單位也在檢討，擴大授權，使下面的人敢負責任。不過推行到現在，似乎「成效欠彰」，難道我們文明古國的臣民眞的老大不堪嗎？眞的只有五分鐘熱度嗎？

我相信大多數的長官是欣賞肯負責的部屬，能主動積極負責的人才有表現機會，才有前途，有事業，成功必定屬於他的。

諸君想一想，誰才是不能負責的人？法有明文規定，是「限制行爲能力之人」和「無行爲能力之人」。

他們是誰？

七十四、七、三　台灣日報

尾聲

花蓮之行到今天已接近尾聲，當初出差我爲自己訂下此行的兩個任務：工作與靜思。

在工作方面，受命時已獲知一般狀況「這個案子似有某些疑點，你去了要注意……。」我心裡有數，這個任務的困難度頗高，也頗複雜，我並不怕。半個月下來，我對自己說「我贏了。」更對長官說「所交辦之事，順利完成。」我的哲學是：不論有多困難的工作，去面對它，迎向它，才能解決它。

工作之餘，我喜歡靜思、檢討，看山、看海，我看他們多美，他們見我應如是。現代生活就是一陣陣的忙，忙的時候總看不清自己，不知道自己是誰？但當你靜下來想一想，你會發現自己有多齷齪，有多骯髒。

靜下來，洗一洗吧！

回臺北的車票已買好，明晨八點五分的莒光號，踏上歸途。家，是愛的泉源。

七十四、七、四　台灣日報